상위 1% 문해력, 어휘력을 기르는

초등 필수 맞춤법 일력 365

이주윤 글·그림

 바른 맞춤법
 비슷한 맞춤법
 사자성어
 외래어
 복수 표준어

한경키즈

상위 1% 문해력, 어휘력을 기르는
초등 필수 맞춤법 일력 365

제1판 1쇄 인쇄 2024년 7월 26일
제1판 1쇄 발행 2024년 8월 16일

글·그림 이주윤
펴낸이 김수언
펴낸곳 한국경제신문 한경BP
기획편집 윤혜림
교정교열 최혜영
저작권 박정현
홍보 서은실·이여진
마케팅 김규형·박도현
디자인 장주원·권석중
본문 디자인 디자인 현

주소 서울특별시 중구 청파로 463
기획출판팀 02-3604-590, 584
영업마케팅팀 02-3604-595, 562   **FAX** 02-3604-599
H http://bp.hankyung.com   **E** bp@hankyung.com
F www.facebook.com/hankyungbp
등록 제 2-315(1967. 5. 15)

ⓒ 이주윤, 2024
ISBN 978-89-475-4964-6 73700

책값은 뒤표지에 있습니다.
잘못 만들어진 책은 구입처에서 바꿔드립니다.

KC마크 KC마크는 이 제품이 공통안전기준에
적합하였음을 의미합니다.

이주윤

어린 시절, 우리 집 책장은 백과사전과 전래동화 전집으로 가득했어요. 엄마와 아빠가 일하러 나가고 혼자서 집을 지킬 때면 책장에 꽂힌 책을 꺼내 읽으며 시간을 보냈답니다. 모르는 단어가 나올 때마다 국어사전을 뒤적이다 보니 새로운 어휘와 바른 맞춤법을 자연스레 익힐 수 있었지요. 지금도 국어사전 속에서 방랑하는 일을 좋아해요. 어린이 여러분도 재미난 맞춤법의 세계에 발을 들여놓았으면 하는 마음에 이 책을 지었어요. 이외에도 《어린이를 위한 마음 공부》, 《어린이를 위한 관계 공부》, 《요즘 어른을 위한 최소한의 맞춤법》, 《요즘 어른을 위한 최소한의 문해력》 등을 쓰고 그렸답니다.

지은이의 말

친구가 재미있는 책을 추천해 줘서 읽어 봤지만 어쩐 일인지 책장이 영 넘어가지 않았던 적이 있나요? 친구와 취향이 다를 수도 있고 관심 있는 분야가 아니라서 그랬을 수도 있지만, 단어를 잘 모르기 때문일 수도 있어요. 단어가 모여 문장이 되고, 문장이 모여 한 편의 글이 돼요. 그래서 단어를 알아야 문장을 정확히 이해할 수 있고, 문장을 어려움 없이 읽어야 한 편의 글을 온전히 받아들일 수 있답니다.

책을 읽으며 재미를 느끼고 싶다면, 더 나아가 책을 통해 다양한 어휘를 익히고 더 넓은 세상을 알아가고 싶다면, 단어 공부부터 시작해 보세요. 단어가 지닌 뜻을 아는 것도 중요하지만 바른 맞춤법을 익히는 일 역시 게을리해선 안 돼요. 맞춤법은 글을 쓸 때 지켜야 하는 약속이기 때문이에요. 모두가 함께 정한 약속을 어기고 틀린 맞춤법을 마음대로 쓴다면, 내 뜻을 제대로 전할 수 없음은 물론 신뢰를 잃을지도 몰라요!

이 책과 함께라면, 지루하게만 여기던 맞춤법 공부도 재미있게 느껴질 거예요. "말도 안 돼! 맞춤법 공부가 어떻게 재미있을 수 있어?" 하는 생각이 든다면 페이지를 넘겨 직접 확인해 보세요. 너무 재미있다고 페이지를 마구마구 넘기는 일은 금물! 날짜에 맞춰 하루에 한 장씩만 넘기기예요!

《초등 필수 맞춤법 일력 365》는 어떤 내용을 담고 있을까요?

우리는 순우리말뿐만 아니라 한자어, 외래어 등의 말을 국어로 사용하고 있어요. 《초등 필수 맞춤법 일력 365》는 일상생활에서 많이 쓰이는 만큼 자주 틀리기도 하는, 다양한 종류의 맞춤법으로 구성해 보았답니다.

- **바른 맞춤법** 우리말 규범에 맞는 바른 표기와, 헷갈려서 잘못 쓰이는 틀린 표기를 알아봐요.
- **비슷한 맞춤법** 생김새는 비슷하지만 쓰임이 다른 두 단어를 구분해 봐요. 비슷하다고 구분 없이 쓰면 아예 다른 뜻을 가진 문장이 될 수 있어요!
- **사자성어** 교훈이나 유래를 담고 있는 한자 네 자로 이루어진 단어를 사자성어라고 해요. 정확한 표기를 익히고, 어떤 이야기를 담고 있는지 추가로 알아보는 것은 어떨까요?
- **외래어** 외국에서 들어온 말로, 국어에서 널리 쓰이는 단어를 말해요. 발음은 아는데 한글 표기는 어렵게 느껴진다면, 그림 속에서 정답을 확인해 봐요. (그림 안에 숨겨진 한글 힌트를 찾아보고, 그림으로 기억해 봐도 좋아요.)
- **복수 표준어** 한 가지의 의미를 두 가지 이상의 표현으로 나타내는 말도 있어요. 이 페이지에서는 퀴즈를 잠시 쉬고, 모습은 조금 다르지만 뜻은 같은 두 단어를 그림을 보며 소리 내어 읽어봐요!

---

* 일러두기: 이 책에 소개된 단어들의 사전적 의미는 국립국어원 표준국어대사전을 바탕으로 하되, 초등학생의 눈높이에 맞춰 재구성하였습니다.

이 책을 보는 방법

이 책은 날짜에 맞춰 읽는 맞춤법 일력이에요. 욕심내지 않고 하루에 한 장씩 넘기며 퀴즈를 풀다 보면 맞춤법을 재미있게 익힐 수 있답니다.

❶ 빈칸이 들어간 문장을 읽고, 아래 두 단어 중 빈칸에 들어갈 알맞은 맞춤법을 생각해 봐요. (정답은 가리고 생각해 보기!)

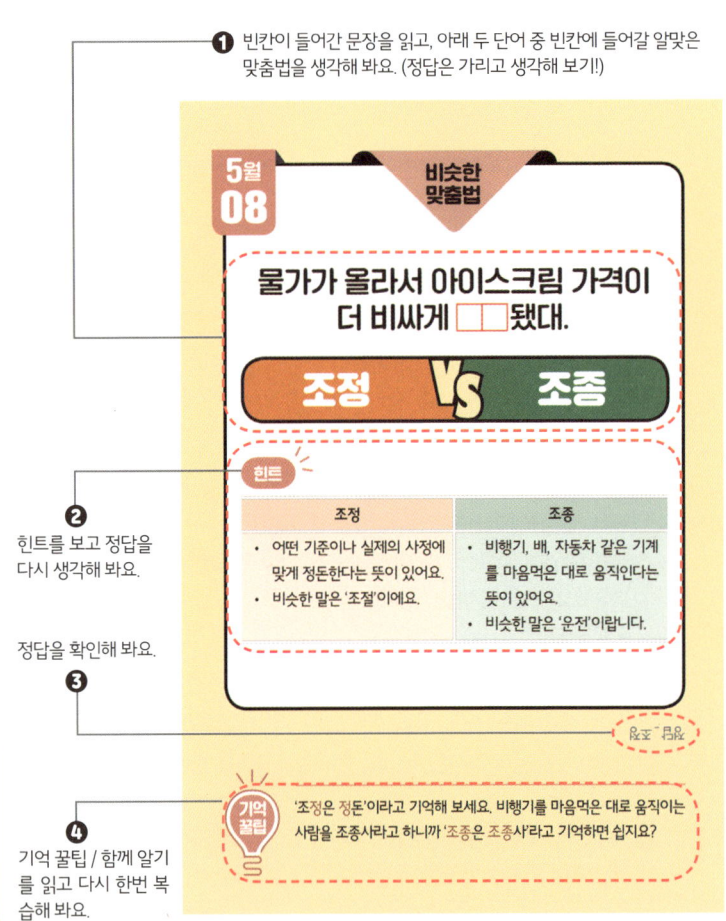

❷ 힌트를 보고 정답을 다시 생각해 봐요.

❸ 정답을 확인해 봐요.

❹ 기억 꿀팁 / 함께 알기를 읽고 다시 한번 복습해 봐요.

1월

• JANUARY •

12월 31 — 바른 맞춤법

책상 위에 ☐☐☐☐ 잡동사니를 정리하면서 새해를 준비해야겠어!

널부러진 VS 널브러진

 **힌트**
- 물건이 너저분하게 흐트러지거나 흩어져 있을 때 쓸 수 있는 말이에요.
- 몸에 힘이 빠져 축 늘어져 있을 때 쓰기도 해요.
- 물건을 너저분하게 널리 퍼뜨리는 것을 뜻하는 단어는 '널브러뜨리다'예요.
- [널브러지다]라고 발음하고 소리 나는 대로 쓴답니다.

정답: 널브러진

 **기억 꿀팁**
편식하는 친구들은 먹기 싫은 음식을 몰래 골라내 식탁 위를 어지럽히기도 하지요? '식탁 위에 널브러진 브로콜리'라는 문장으로 쉽게 기억해 봐요!

1월 01 — 바른 맞춤법

용돈을 받으려고 ☐☐☐를 돕다가 실수로 그릇을 깨트렸어.

설겆이 VS 설거지

 **힌트**
- 음식을 먹은 뒤에 그릇을 씻어 정리하는 일을 뜻해요.
- 이와 비슷한 말은 '뒷설거지'예요.
- 그릇을 씻을 때 쓰는 물은 '설거지물', 그 물을 받아 놓은 통은 '설거지통'이라고 해요.
- '설겆이'는 '설거지'의 옛말이랍니다.

정답 - 설거지

 **기억 꿀팁**
남에게 구걸하여 거저 얻어먹고 사는 사람을 '거지'라고 해요. 음식을 공짜로 먹었으면 그릇이라도 닦아 밥값을 해야겠지요? *거지*가 *설거지* 하는 모습을 떠올리면 기억하는 데 도움이 될 거예요!

12월 30

복수 표준어

사람이 먹을 수 있는
음식이나 식품을 뜻하는
먹거리 먹을거리 는
두 단어 모두 바른 맞춤법이에요.

1월 02 — 비슷한 맞춤법

저 산 □□에는 무엇이 있을까?

넘어 VS 너머

힌트

넘어	너머
• 산처럼 높은 부분의 위, 또는 삼팔선 같은 경계를 건너 지나갈 때 쓸 수 있는 말이에요. • 대부분 동작과 관련이 있어서 움직임이 느껴져요.	• 산이나 삼팔선처럼 높이나 경계로 가로막은 저쪽을 나타내는 말이에요. • 위치와 관련이 있어서 움직임이 느껴지지 않는답니다.

정답: 너머

기억 꿀팁: '너머'와 '넘어' 중 어떤 것이 움직임과 관련이 있는지 헷갈린다면 '줄넘기'를 떠올려 보세요. 폴짝폴짝 줄을 뛰어넘는 운동을 줄넘기라고 하니 '넘어'가 움직임과 관련이 있다는 사실을 알 수 있겠지요?

12월 29

외래어

돼지나 소 등을 통째로 혹은 큰 덩어리째로 구운 요리를 뜻하는 올바른 외래어 표기는?

바비큐 VS 바베큐

그림에서 힌트를 찾고 정답을 확인해 봐요.

 영어로 'barbecue'라고 써요. 이것을 줄여 'BBQ'라고 말하기도 해요. B는 [비]로 발음하니 '바비큐'라고 기억해 봐요!

1월 03 　　**사자성어**

받아쓰기 백 점을 맞는 일은 ☐☐☐☐ 꿈도 꿔본 적 없어.

언감생심 VS 언감생신

 **힌트**
- '어찌 감히 그런 마음을 먹을 수 있겠냐'는 의미로, 그럴 뜻이 전혀 없음을 나타내는 말이에요.
- '언감'은 '어찌 감히'라는 뜻을 지니고 있어요.
- '생심'은 어떤 일을 하려고 마음먹는다는 의미예요.
- '생신'은 생일을 높여 이르는 말이랍니다.
- 한자로는 焉敢生心(어찌 언 / 감히 감 / 날 생 / 마음 심)이라고 쓴답니다.

정답: 언감생심

 **함께 알기**
'언감생심'의 반대말은 '견물생심'이에요. 물건을 보면 가지고 싶은 욕심이 생긴다는 뜻이지요. 이와 비슷한 속담으로 '바다는 메워도 사람의 욕심은 못 채운다'가 있어요.

12월 28일 · 비슷한 맞춤법

겨울 ☐☐이 강하게 느껴지지 않더라도 선크림을 꼭 발라야 해.

햇빛  **햇볕**

힌트

햇빛	햇볕
• 해가 비추는 빛을 뜻하는 말이에요.	• 해가 내리쬐는 기운을 뜻하는 말이에요.
• '햇빛'은 '밝음'과 관련 있다고 생각하면 쉬워요.	• 햇볕'은 '뜨거움'와 관련 있다고 생각하면 쉽답니다.

정답: 햇볕

 **함께 알기**

'햇살'은 해에서 나오는 빛의 줄기나 기운을 뜻해요. 즉, '햇빛'과 '햇볕'을 아우르는 단어이지요. 두 단어 중 어떤 것을 써야 할지 헷갈린다면 '햇살'이라고 쓰는 재치를 발휘해도 좋겠지요?

1월 04 바른 맞춤법

방학이 한참 남았는데 방학 숙제를 □□ 지금부터 해야 할까?

구지 VS 굳이

 힌트
- '고집을 부려 일부러 애써'라는 뜻이에요.
- 비슷한 말은 '구태여'예요.
- 발음은 [구지]가 맞지만 맞춤법은 그렇지 않아요.
- '굳다, 굳고, 굳은'과 피를 나눈 형제와도 같아서, 이 단어도 '굳-'으로 시작한답니다.

정답: 굳이

 함께 알기

'굳이'를 [구디]라고 발음하지 않는 이유는 [구지]라고 하는 쪽이 더욱 편하기 때문이에요. '미닫이문'을 [미다디문]이라고 하기보다 [미다지문]이라고 발음하면 쉬운 것처럼 말이지요.

12월 27일 · 바른 맞춤법

간밤에 잠을 설쳐서 그런지 정신이 온종일 ☐☐☐☐해.

어리바리 VS 어리버리

 **힌트**
- 정신이 또렷하지 못하거나 기운이 없어 몸을 제대로 놀리지 못하는 모양을 의미해요.
- 사전에는 나와 있지 않지만, 말이나 행동이 어리숙한 사람을 뜻하기도 해요.
- '어리버리하다'는 전남 지역에서 사용하는 방언이에요.
- [어리바리하다]라고 발음하고 소리 나는 대로 쓴답니다.

정답 - 어리바리

 **함께 알기**
말이나 행동이 어리숙한 사람을 뜻하는 표준어는 '어리보기'예요. 하지만 '어리바리'라는 말을 더욱 많이 사용하지요. 언젠가는 '어리바리'의 사전적 정의에 이러한 뜻이 포함되는 날이 오겠지요?

1월 05 비슷한 맞춤법

맨손으로 생선을 만졌더니 손에 생선 냄새가 □□□.

배었어 VS 베었어

힌트

배다	베다
• 냄새가 스며들어 오래도록 남아 있다는 뜻이에요. • 옷에 땀이 배거나, 습관이 몸에 배기도 해요.	• 날카로운 물건으로 살갗에 상처를 낸다는 뜻이에요. • 무언가를 자를 때도 쓸 수 있는 말이랍니다.

정답: 배었어

기억 꿀팁: '냄새'와 '배다'에는 모두 모음 'ㅐ'가 있어요. 그러니까 냄새는 베는 것이 아니라 배는 것이라는 사실을 쉽게 떠올릴 수 있겠지요?

12월 26 사자성어

공룡이 언제 나타나고 멸종했는지, 그 □□□□에 대한 책을 읽었어.

흥망성세 VS 흥망성쇠

 힌트
- 흥하고 망함과 성하고 쇠함이라는 뜻으로, 어떤 사물이 생겨나서 사라지는 모든 과정을 말해요.
- '흥망'은 잘되어 일어남과 못되어 없어짐을 의미해요.
- '성세'는 나라의 기운이나 문화가 번성한 시대를 뜻해요.
- '성쇠'는 세력이나 힘이 한참 일어나는 일과 차차 줄어져 약해지는 일을 뜻해요.
- 한자로는 興亡盛衰(일 흥 / 망할 망 / 성할 성 / 쇠할 쇠)라고 쓴답니다.

정답: 흥망성쇠

 함께 알기

'흥망성쇠'와 비슷한 말은 '영고성쇠'예요. 인생이나 사물의 번성함과 쇠락함이 서로 바뀐다는 뜻이에요. 비슷한 속담은 '달도 차면 기운다'랍니다.

1월 06 외래어

우스꽝스러운 분장을 한 어릿광대를 뜻하는 올바른 외래어 표기는?

피에로 VS 삐에로

그림에서 힌트를 찾고 정답을 확인해 봐요.

 프랑스어로 'pierrot'라고 써요. 피에로는 항상 웃고 있어요. '해피 피에로'라는 문장으로 기억해 봐요!

12월 25일 — 비슷한 맞춤법

☐☐☐ 없는 이야기 그만하고
밤 ☐☐☐나 먹자.

알갱이 VS 알맹이

힌트

알갱이	알맹이
• 열매나 곡식의 낱알을 말해요. • 작고 동그랗고 단단한 물질을 뜻하기도 해요.	• 물건의 껍데기나 껍질을 벗기고 남은 속 부분을 말해요. • 어떤 사물이나 사건의 핵심이 되는 중요한 부분을 뜻하기도 한답니다.

정답: 알맹이

 **기억 꿀팁**: 알맹이는 껍질이나 껍데기로 둘러싸여 있어요. 밤 껍질이 밤 알맹이를 둘러싼 모습이 '알맹이'의 'ㅁ'과 비슷하지 않나요?

마음이 아플 만큼 딱하고 불쌍할 때 쓸 수 있는 말인 가엾다 가엽다 는 두 단어 모두 바른 맞춤법이에요.

12월 24일

바른 맞춤법

고모네는 식구가 □□해서 밥도 □□하게 차려 먹는대.

단촐 VS **단출**

힌트

- 식구나 구성원이 많지 않아서 홀가분하다는 의미예요.
- 일이나 차림새가 간편하다는 뜻도 있어요.
- 이와 비슷한 말은 '간단하다'예요.
- 북한에서는 '단촐하다'가 바른말이지만 우리나라에서는 그렇지 않답니다.

정답: 단출

기억 꿀팁

'밥을 단출하게 먹었더니 배가 출출해'라는 문장으로 기억해 봐요!

1월 08 — 바른 맞춤법

할아버지가 몇 월 ☐☐에 태어나셨지요? 생신이 ☐☐ 남지 않은 것 같아요.

며칠 VS 몇일

 **힌트**
- '그달의 몇 번째 날' 또는 '그리 많지 않은 얼마만큼의 날'이라는 뜻을 지니고 있어요.
- '몇 년(年), 몇 월(月)'처럼 쓰면 될 것 같지만 아니에요.
- 왜냐하면 이 단어는 순우리말인 '며츨'에서 유래되었기 때문이에요.
- 이것은 [며칠]이라고 발음하는데 소리 나는 그대로 쓴답니다.

정답: 며칠

 **함께 알기**
'며칠'을 '며칟날'이라고 하기도 해요. 이 단어 역시 '몇일날'이라고 쓰지 않도록 주의하세요!

12월 23

복수 표준어

웬만해서는 어떤 행동을 하지 않거나, 어떤 일이 쉽게 일어나지 않는다는 뜻의 좀처럼 좀체 는 두 단어 모두 바른 맞춤법이에요.

1월 09 — 비슷한 맞춤법

숙제만 하려고 하면 □□이 스르르 몰려와.

조름 VS 졸음

힌트

조름	졸음
• 끈이나 실로 감은 것을 단단히 죄거나, 무언가를 해달라고 떼쓰는 행동을 말해요. • '조르다'를 '조름'으로 바꾸어 말하기도 하지요.	• 잠을 자려 하지 않는데도 자꾸 저절로 눈이 감기는 상태는 '졸다'라고 해요. • 잠이 오는 느낌은 '졸음'이라고 한답니다.

정답: 졸음

기억꿀팁 '책을 보니까 졸려, 늦잠 자서 졸리다, 깜빡 졸다가 깼어'처럼 잠과 관련된 말에는 모두 '졸' 자가 들어간다는 사실을 잊지 마세요!

12월 22 | **외래어**

성탄절에 즐겨 부르는 노래를 뜻하는 올바른 외래어 표기는?

캐롤 VS **캐럴**

그림에서 힌트를 찾고 정답을 확인해 봐요.

 영어로 'carol'이라고 써요. 루돌프의 뿔 모양이 'ㅓ' 자를 닮았으니 캐럴이라고 기억해 봐요!

1월 10 사자성어

뉴스에서 본 전쟁터의 모습은 ☐☐☐☐ 그 자체였어.

아비귀환 VS 아비규환

 **힌트**
- 끔찍한 사고를 당하거나 혼란에 빠진 사람들이 울부짖는 상황을 나타내는 말이에요.
- '아비'는 끊임없이 고통을 받는 지옥을 뜻해요.
- '귀환'은 다른 곳으로 떠나 있던 사람이 원래 있던 곳으로 돌아오거나 돌아갈 때 쓰는 단어예요.
- '규환'은 큰 소리로 울부짖는 지옥을 뜻한답니다.
- 한자로는 阿鼻叫喚(언덕 아 / 코 비 / 부르짖을 규 / 부를 환)이라고 쓴답니다.

정답: 아비규환

 **함께 알기**
'아비규환'의 반대말은 '무릉도원'이에요. 복숭아꽃이 활짝 핀 낙원을 뜻하는 말로, 괴로움이나 고통 없이 안락하게 살 수 있는 즐거운 곳을 설명할 때 쓴답니다.

12월 21일 · 비슷한 맞춤법

강아지의 ☐☐을 이기지 못해 비가 오는데도 산책하러 나갔어.

등살 VS 등쌀

힌트

등살	등쌀
• 등에 있는 근육을 말해요. • '등'과 '살'이 합쳐진 말로 각각의 단어를 살려서 그대로 적어요.	• 몹시 귀찮게 구는 짓이나 행동을 말해요. • 비슷한 말은 '성화'랍니다.

정답: 등쌀

함께 알기

두 눈썹 사이에 잡히는 주름이나, 눈에 독기를 띠며 쏘아보는 시선을 '눈살'이라고 해요. 이것은 '눈'과 '살'이 합쳐진 말이에요. 그래서 각각의 단어를 살려서 '눈살을 찌푸리다'와 같이 적어야 한답니다.

1월 11 바른 맞춤법

양치를 하고 자라는 아빠의 말에 나도 모르게 □□□□□가 혼났어.

구시렁대다 VS 궁시렁대다

힌트

- 못마땅한 마음에 듣기 싫은 소리를 자꾸 되풀이한다는 뜻이에요.
- 이와 비슷한 말은 '투덜대다, 툴툴대다, 불평하다'예요.
- '구시렁거리다'라고 쓰기도 해요.
- '궁시렁대다'는 강원도 지역에서 사용하는 방언이랍니다.

정답: 구시렁대다

기억 꿀팁

입을 의미하는 한자는 [구(口)]라고 발음해요. 입(구)으로 싫어(시렁) 소리를 되풀이하는 모습을 떠올리면 '구시렁대다'와 쉽게 연관 지을 수 있겠지요?

12월 20 바른 맞춤법

외국인이 영어로 말을 건넸는데 무슨 말인지 □□ 모르겠더라고.

당초 VS 당췌

 힌트
- '처음부터 도무지'라는 뜻이에요.
- 이와 비슷한 말은 '영, 도무지, 도대체'예요.
- [당최]와 [당췌] 두 가지 모두 바른 발음이기 때문에 헷갈리기 쉬워요.
- '일이 생기기 시작한 처음'을 뜻하는 '당초에'가 줄어든 말이랍니다.

정답: 당최

 함께 알기

일의 맨 처음이라는 뜻을 나타내려 할 때는 '애당초'라는 단어를 쓸 수 있어요. 이것은 '당초'를 강조한 말이랍니다.

1월 12

비슷한 맞춤법

친구들이 아무렇게나 벗어놓은 신발을 ☐☐☐ 정리했어.

반드시 VS **반듯이**

힌트

반드시	반듯이
• '틀림없이 꼭'이라는 의미를 더하고 싶을 때 써요. • 비슷한 말은 '기필코'예요.	• '모습이나 생김새가 비뚤어지지 않고 바르게'라는 의미를 더하고 싶을 때 써요. • 비슷한 말은 '번듯이'랍니다.

정답: 반듯이

기억 꿀팁: '반듯이'는 '반듯하다'에서 온 말이에요. 형제처럼 닮은 두 단어, 잊으려야 잊을 수 없겠죠?

12월 19 사자성어

용돈 받자마자 지갑을 잃어버리다니 ☐☐☐☐가 따로 없네.

호사다마 VS 호사담화

 힌트
- 좋은 일에는 그것을 시샘하는 듯이 나쁜 일들이 많이 따른다는 말이에요.
- '호사'는 좋은 일이라는 뜻이에요.
- '다마'는 훼방을 놓는 장애물이 많다는 의미가 있어요.
- '담화'는 서로 이야기를 주고받는다는 뜻이랍니다.
- 한자로는 好事多魔(좋을 호 / 일 사 / 많을 다 / 마귀 마)라고 쓴답니다.

정답: 호사다마

 함께 알기

'호사다마'와 비슷한 말은 '시어다골'이에요. 맛이 좋은 준치에는 가시가 많다는 뜻으로, 좋은 면의 한편에는 좋지 못한 면이 있음을 나타내는 말이랍니다.

1월 13 — 외래어

얇게 썬 돼지고기에 빵가루를 입혀 기름에 튀긴 음식을 뜻하는 올바른 외래어 표기는?

돈가스 VS **돈까스**

그림에서 힌트를 찾고 정답을 확인해 봐요.

 일본에서 '톤카츠(とんかつ)'라 불리는 음식이 우리나라로 건너오면서 '돈가스'가 되었어요. 돈가스 두 장이 겹친 모습이 'ㄱ'과 닮지 않았나요?

12월 18일 - 비슷한 맞춤법

민속촌에 놀러 가서 조선 시대 농촌을 ☐☐한 마을을 구경했어.

재연  재현

힌트

재연	재현
• 연극이나 영화를 다시 상영하거나, 한 번 했던 일을 되풀이한다는 뜻이에요. • 두 재(再), 펼 연(演) 자를 쓰는 한자어예요.	• 사물이나 현상이 다시 나타난다는 뜻이에요. • 두 재(再), 나타날 현(現) 자를 쓰는 한자어랍니다.

정답: 재현

기억 꿀팁: 두 단어를 구별하기는 쉽지 않아요. 상황에 따라 모두 정답이 될 수도 있거든요. 하지만 주로 행동이 반복될 때는 '재연'을, 사라졌던 옛 모습을 되살릴 때는 '재현'을 사용한답니다!

1월 14

복수 표준어

느릿느릿 꾸물거리는 태도나 행동을 나타내는 말인 늑장 늦장 은 두 단어 모두 바른 맞춤법이에요.

12월 17 바른 맞춤법

글씨가 예쁘다는 내 칭찬에 짝꿍이 ☐☐☐ 하며 머리를 긁적였어.

멋적어 VS 멋쩍어

 **힌트**
- 어색하고 쑥스럽다는 뜻이에요.
- 행동이나 모양새가 격에 어울리지 않을 때도 사용하는 말이에요.
- 보시다시피 '멋'이 '적다'는 뜻은 없어요.
- [먿쩍다]로 발음하기 때문에 '쩍다'를 살려 써주어야 한답니다.

 **함께 알기**

쑥스럽거나 미안하여 어색한 느낌을 나타내는 단어는 '겸연쩍다'예요. 이 단어 역시 '적다'라는 뜻은 없으며, [겨면쩍다]로 발음하지요. 그래서 '쩍다'를 살려 '겸연쩍다'라고 써주어야 한답니다.

1월 15

바른 맞춤법

아빠의 낮잠을 방해할까 봐
☐☐☐를 들고 살금살금 걸었어.

뒷꿈치 VS 뒤꿈치

 **힌트**
- 발의 뒤쪽 발바닥과 발목 사이의 불룩한 부분을 가리키는 단어예요.
- 낱말과 낱말이 합쳐지면 그 사이에 'ㅅ' 받침이 붙을 때도 있고, 붙지 않을 때도 있어요.
- 뒤쪽 낱말이 'ㅊ, ㅋ, ㅌ, ㅍ' 또는 'ㄲ, ㄸ, ㅃ, ㅆ, ㅉ'으로 시작하면 'ㅅ' 받침이 붙지 않아요.
- '발뒤꿈치'와 같은 말이랍니다.

정답: 뒤꿈치

 **기억 꿀팁**
'ㄲ, ㄸ, ㅃ, ㅆ, ㅉ'은 쌍자음이니 기억하기 어렵지 않을 거예요. 'ㅊ, ㅋ, ㅌ, ㅍ'은 '초코토핑'으로 기억해 보면 어떨까요?
"뒤쪽 낱말이 쌍자음 또는 초코토핑이면 'ㅅ' 받침을 붙이지 않는다!"

12월 16일 — 복수 표준어

섭섭하고 답답하고 슬픈 감정을 뜻하는
서럽다 **섧다** 는
두 단어 모두 바른 맞춤법이에요.

1월 16일 — 비슷한 맞춤법

점심을 너무 □□ 먹었더니 벌써부터 배가 고파.

작게 VS 적게

힌트

작다	적다
• 길이, 넓이, 부피가 보통보다 덜하다는 뜻이에요. • 반대말은 '크다'예요.	• 수나 양이 기준에 미치지 못하다는 뜻이에요. • 반대말은 '많다'랍니다.

정답: 적게

기억 꿀팁: '작다'와 '적다'가 헷갈린다면 반대말인 '크다'와 '많다'를 넣어 문장을 읽어 보세요. 자연스럽게 읽힌다면 제대로 쓴 것이고 그렇지 않다면 틀린 것이랍니다.

12월 15일

외래어

형태를 갖추지 않은 생각이나 사상을 구체적인 사물로 나타내는 일을 뜻하는 올바른 외래어 표기는?

심볼 VS 심벌

그림에서 힌트를 찾고 정답을 확인해 봐요.

 영어로 'symbol'이라고 써요. '청춘의 심벌 여드름이 벌써 난 거야?'라는 문장으로 기억해 봐요!

1월 17 사자성어

아무리 친하더라도 친구네 집에서 자고 오는 건 ☐☐☐☐ 안 된대.

좌우지간 VS 좌우당간

힌트
- '이렇든 저렇든 상관없이'라는 뜻을 지니고 있어요.
- '좌우간'과 같은 말인데 '지' 자를 넣어서 네 글자로 운율을 맞췄대요.
- '좌우당간'은 전라북도 지역에서 사용하는 방언이랍니다.
- 한자로는 左右之間(왼 좌 / 오른쪽 우 / 갈 지 / 사이 간)이라고 쓴답니다.

정답 - 좌우지간

함께 알기
'좌우지간'과 비슷한 말은 '아무튼, 어쨌든, 하여간'이랍니다.

12월 14 · 비슷한 맞춤법

저녁으로 떡볶이를 먹을지 돈가스를 먹을지 ☐☐을 내려야 해.

결단  **결딴**

결단	결딴
• 딱 잘라서 결정하거나 확실하게 판단한다는 뜻이에요. • 비슷한 말은 '결정, 단정, 결심'이에요.	• 일이나 물건이 크게 망가져 못쓰게 된 상태를 뜻해요. • 비슷한 말은 '거덜, 작살, 파탄'이랍니다.

정답: 결단

기억 꿀팁: '결단'은 '결정하고 판단하는 일'이 줄어든 말이라고 기억해 보세요. 그렇다면 '결딴'으로 잘못 쓸 일이 없겠지요?

1월 18일 - 바른 맞춤법

옷을 여러 겹 껴입었더니 ☐☐이 나서 축축해졌어.

곁땀 VS 겨땀

힌트
- 겨드랑이에서 나는 땀을 가리키는 말이에요.
- '겨드랑이 땀'은 줄여 말할 수 없어요.
- 겨드랑이의 옛말은 '곁'이에요.
- [겨땀]이 아니라 [겯땀]이라고 발음한답니다.

정답: 곁땀

기억 꿀팁
가까운 쪽을 나타낼 때에도 '곁'이라는 단어를 사용해요. 이 역시 '겨드랑이'에서 온 말이지요. "내 곁에 있어 줘"를 "내 겨에 있어 줘"라고 말하는 친구는 없겠지요? 그러니까 '겨드랑이 땀' 역시 '곁땀'이라는 사실!

12월 13 — **바른 맞춤법**

아빠가 귤 한 상자를 주문했는데 □□에 몇 개는 곰팡이가 피어 있었어.

게중 VS 개중

 **힌트**
- '여럿이 있는 가운데'라는 뜻이 있어요.
- 이와 비슷한 말은 '그중'이에요.
- '게중'은 '가장'을 잘못 쓴 말이에요.
- 한자로는 個中(낱 개 / 가운데 중)이라고 쓴답니다.

정답: 개중

 **기억꿀팁**
'여러 개 중에'가 줄어든 말이라고 생각하며 기억해 보세요. 한 단어이니 붙여 써야 한다는 사실도 함께 기억해 두세요!

1월 19

비슷한 맞춤법

누나한테 들었는데 그 떡볶이는 진짜 매워서 먹으면 입에서 불이 난□.

대 VS 데

 힌트

-대	-데
• '다고 해'가 줄어든 말이에요. • 다른 사람에게 들은 이야기를 전달할 때 써요.	• '더라'와 같은 뜻을 지니고 있어요. • '매운 떡볶이를 먹으니까 입에서 불이 나데'처럼, 자신이 직접 한 경험을 말할 때 써요.

정답: 대

기억 꿀팁

'-대=다고 해'에는 'ㅏ' 자 모양이, '-데=더라'는 'ㅓ' 자 모양이 들어 있으니 서로 연결 지어 기억해 보세요!

12월 12 **사자성어**

이모는 □□□□이 싫다면서 결혼식 대신 여행을 가기로 했어.

허례허식 VS 허래허식

 **힌트**
- 형편에 맞지 않게 겉만 번드르르하게 꾸민 예절이나 의식을 말해요.
- '허례'는 정성 없이 겉만 꾸민 예절을 뜻해요.
- '허래'라는 말은 사전에 없답니다.
- '허식'은 실속 없이 겉만 꾸민다는 뜻이에요.
- 한자로는 虛禮虛飾(빌 허 / 예도 례 / 빌 허 / 꾸밀 식)이라고 쓴답니다.

정답: 허례허식

 **함께 알기**
'허례허식'과 비슷한 말은 '유명무실'이에요. 이름만 그럴듯하고 실속은 없다는 뜻이지요. 비슷한 뜻의 속담은 '빛 좋은 개살구'랍니다.

1월 20 외래어

앞자락이 트여 단추로 채우는 형태의, 털실로 짠 스웨터를 뜻하는 올바른 외래어 표기는?

가디건 VS 카디건

그림에서 힌트를 찾고 정답을 확인해 봐요.

영어로 'cardigan'이라고 써요. 새 카디건은 무엇으로 샀을까요? '카드로 산 카디건'이라는 문장으로 기억해 봐요!

12월 11 비슷한 맞춤법

할머니 생신은 음력으로 ☐☐☐ 매년 헷갈려.

세니까 VS 쇠니까

 힌트

세다	쇠다
• 힘 또는 행동하거나 밀고 나가는 기세가 강하다는 뜻이에요. • 개수를 헤아리거나, 머리카락이 하얘질 때도 쓰지요.	• 명절, 생일, 기념일 같은 날을 맞이하여 지낸다는 뜻이에요. • 비슷한 말은 '보내다'랍니다.

정답: 쇠니까

 함께 알기

'쇠다'는 '쇠고, 쇠니, 쇠어' 등으로 활용해요. '쇠어'가 줄어들면 '쇄'가 되지요. 그래서 '쇠어서, 쇠었니, 쇠었는데'는 각각 '쇄서, 쇘니, 쇘는데'로 줄어든답니다.

1월 21
복수 표준어

어떤 일에 관심 있는 태도를 보이거나,
상대방에게 인사하는 상황에서
쓸 수 있는 말인 알은척 알은체 는
두 단어 모두 바른 맞춤법이에요.

12월 10 바른 맞춤법

아빠가 등산용 □□을 선물해 주시며 함께 산에 가자고 하셨어.

배낭 VS 베낭

힌트
- 물건을 넣어서 등에 질 수 있도록 헝겊이나 가죽으로 만든 가방이에요.
- 이와 비슷한 말은 '바랑'이에요.
- 한자로는 背囊(등 배 / 주머니 낭)이라고 써요.
- 이것에 필요한 물품을 준비하여 떠나는 여행을 '배낭여행'이라고 한답니다.

정답: 배낭

기억 꿀팁
'뒤쪽의 경치'를 뜻하는 '배경'은 '배낭'과 같은 배 자를 써요. 배낭을 메고 배경이 좋은 곳으로 여행 가는 모습을 떠올리면 바른 맞춤법을 쉽게 떠올릴 수 있을 거예요.

1월 22 — 바른 맞춤법

설거지를 꼼꼼하게 했더니 그릇이 ☐☐☐ 씻겼어.

깨끗히 VS 깨끗이

 힌트
- 때나 먼지 없이 말끔한 상태를 의미해요.
- 가지런히 잘 정돈되어 깔끔한 상태를 뜻하기도 해요
- '깨끗히'는 경기도와 충청도 지역에서 사용하는 방언이랍니다.
- [깨끄시]라고 발음한답니다.

정답: 깨끗이

 기억 꿀팁

발음으로 기억하면 가장 간단해요. '그릇이 깨끗이'를 [그르시 깨끄시]로 반복해서 읽다 보면 머릿속에 쏙쏙 저장될 거예요.

12월 09 복수 표준어

사이가 꽤 떨어져 있다는 뜻을 더해주는
멀찌감치 멀찌가니 는
두 단어 모두 바른 맞춤법이에요.

1월 23일

비슷한 맞춤법

신발 끈을 너무 꽉 ☐☐ 벗기가 힘들어.

매서 VS **메서**

힌트

매다	메다
• 끈이나 줄이 풀리지 않도록 두 끝을 엮어 묶을 때 사용해요. • 끈이나 줄을 매면 '매듭'이 생겨요.	• 어깨나 등에 물건을 걸치거나 올려놓을 때 사용해요. • 어깨에 메는 끈을 '멜빵'이라고 한답니다.

정답 - 매서

기억 꿀팁: '매다'와 '매듭'에는 'ㅐ' 자가 들어가 있고 '메다'와 '멜빵'에는 'ㅔ' 자가 들어가 있으니 쉽게 기억할 수 있겠지요?

12월 08 외래어

전기를 저장했다가 필요할 때 쓸 수 있게 하는 장치를 말하는 올바른 외래어 표기는?

배터리 VS **밧데리**

그림에서 힌트를 찾고 정답을 확인해 봐요.

 영어로 'battery'라고 써요. 배터리가 방전된 것을 '배터리가 배가 고파'라는 문장으로 기억해 볼까요?

1월 24 사자성어

수학에는 소질이 없는지 ☐☐☐☐ 공부해도 성적이 오르지 않아.

주야장천 VS 주구장창

힌트
- '밤낮으로 쉬지 않고 계속'이라는 뜻이에요.
- '주야'는 '밤낮'과 같은 말이에요.
- '장천'도 '밤낮으로 쉬지 않고 계속'이라는 의미가 있어요.
- '주구장창'은 '주야장천'이 변한 말이랍니다.
- 한자로는 晝夜長川(낮 주 / 밤 야 / 길 장 / 내 천)이라고 쓴답니다.

정답: 주야장천

함께 알기
'주야장천'과 비슷한 말은 '불철주야'예요. 밤낮을 가리지 않고 어떤 일에 몰두한다는 뜻이지요. 이 단어들이 어렵다면 '밤낮없이'라고 말해도 좋아요.

12월 07 - 비슷한 맞춤법

아빠와 팔씨름을 ☐☐☐ 이겼는데 아무래도 아빠가 져 준 것 같아.

겨뤄서 VS **겨눠서**

힌트

겨루다	겨누다
• 서로 버티어 승부를 다툰다는 뜻이에요. • 비슷한 말은 '경쟁하다'예요.	• 활이나 총을 쏠 때 목표물을 향해 방향과 거리를 잡는다는 뜻이에요. • 물체의 길이나 넓이를 서로 비교하며 헤아릴 때도 써요.

정답: 겨루어서

 **기억 꿀팁**: 태권도에서 두 사람이 서로 기량을 겨루어 보는 일을 '겨루기'라고 해요. 그러니까 서로 승부를 다툰다는 단어 역시 '겨루다'라는 사실을 쉽게 떠올릴 수 있겠지요?

1월 25 — 바른 맞춤법

우리 아빠는 베개에 머리만 대면 □□ 코를 골아.

금새 VS **금세**

힌트
- '지금 바로'라는 뜻을 지니고 있어요.
- 이와 비슷한 말은 '금방'이에요.
- '금시에'가 줄어든 말이에요.
- '금시'는 이제 금(今), 때 시(時) 자를 쓰는 한자어로 '지금 바로'라는 뜻이랍니다.

정답: 금세

기억 꿀팁
'금시에'와 '금세'에는 모두 'ㅔ' 자가 들어 있으니 두 단어를 연결 지어 기억하세요!

12월 06 | 바른 맞춤법

너도 내 동생을 ☐☐ 보면, 내가 고난을 ☐☐ 성격이 거칠어졌다는 걸 알게 될 거야.

격어 VS 겪어

힌트
- 어렵거나 경험될 만한 일을 당하여 치른다는 뜻이에요.
- 사람을 사귀어 함께 지내며 경험한다는 의미도 있어요.
- 음식을 차려 손님을 대접할 때도 이 단어를 써요.
- 이와 비슷한 단어는 '경험하다'랍니다.

정답: 겪어

기억 꿀팁
'겪다'는 '겪어, 겪어서, 겪으니'로 활용하고 '[겨꺼], [겨꺼서], [겨끄니]'로 발음해요. 단어를 다양하게 발음해 보니 어떤 받침을 쓰는지 한눈에 들어오지요?

1월 26 비슷한 맞춤법

나는 아무거나 다 잘 먹어서 자장면이☐ 짬뽕이☐ 상관없어.

던 VS 든

힌트

-던	-든
• 옛날에 있었던 일을 이야기할 때 사용해요. • '내가 아기였을 때 엄마가 불러주던 노래.'	• 무엇이든 상관없는 것들을 늘어놓을 때 사용해요. • '케이팝이든 팝송이든 노래라면 모두 다 좋아.'

정답: 든, 든

기억 꿀팁: '-던'의 'ㅓ' 자는 '뒤로 가기' 버튼을 닮았으니 옛날에 있었던 일을 이야기할 때 쓰고, '-든'의 'ㅡ' 자는 주르르 줄 세워 놓은 모양과 닮았으니 뭐든 상관없는 것들을 늘어놓을 때 쓸 수 있다고 기억해 보면 어떨까요?

12월 05 사자성어

인생에서 ☐☐☐☐는 피할 수 없다던데 단짝과도 언젠가는 헤어질까?

해자정리 VS 회자정리

 **힌트**
- 만난 사람은 반드시 헤어지게 된다는 말이에요.
- '해자'는 성 주위에 둘러 판 못을 의미해요.
- '회자'는 '만난 사람'이라는 뜻을 지니고 있어요.
- '정리'는 헤어지기로 정해져 있다는 뜻이랍니다.
- 한자로는 會者定離(모일 회 / 놈 자 / 정할 정 / 떠날 리)라고 쓴답니다.

정답 - 회자정리

 **함께 알기**

'회자정리'의 반대말은 '거자필반'이에요. 떠난 사람은 반드시 돌아오게 된다는 뜻으로, 헤어짐에 대한 아쉬움을 달랠 때 쓸 수 있는 말이랍니다.

1월 27 **외래어**

과일이나 채소를 짜낸 액체를 뜻하는 올바른 외래어 표기는?

주스 VS 쥬스

그림에서 힌트를 찾고 정답을 확인해 봐요.

사과랑 케일까지 넣어서 건강하게!

와아, 주스가 주르륵 나와요!

영어로 'juice'라고 써요. '주스가 주르륵'이라는 문장으로 기억해 봐요!

12월 04 — 비슷한 맞춤법

라면을 자주 먹으면 건강을 ☐☐☐ 걸 알고는 있지만 그래도 맛있는걸.

해치는 VS 헤치는

힌트

해치다	헤치다
• 어떤 상태에 손상을 입히거나 해롭게 한다는 뜻이에요. • 다치게 하거나 죽인다는 뜻도 있어요.	• 속에 있는 것을 드러나게 하려고 덮인 것을 파거나 젖힌다는 뜻이에요. • 물살을 헤치거나, 난관을 헤칠 수도 있답니다.

정답: 해치는

기억 꿀팁: '해충, 손해, 방해'는 '해치다'와 같은 '해할 해(害)' 자를 써요. 이 단어들을 '헤충, 손헤, 방헤'라고 쓰는 친구는 없겠지요? 해로운 느낌을 주는 단어들은 '해' 자로 시작한다는 사실을 기억하세요!

1월 28

복수 표준어

살갗을 문지르거나 건드려
간지럽게 할 때 쓸 수 있는
간질이다 간지럽히다 는
두 단어 모두 바른 맞춤법이에요.

12월 03 - 바른 맞춤법

친구가 스키장에 놀러 갔다가 몸살에 걸려서 ☐☐ 아팠대.

디게 VS 되게

힌트
- '아주 몹시'라는 뜻을 더하고 싶을 때 사용하는 말이에요.
- 이와 같은 뜻을 지닌 말은 '되우'예요.
- '디게'는 전남 지역에서 사용하는 방언이에요.
- [되게]라고 발음하고 소리 나는 대로 쓴답니다.

정답 - 되게

함께 알기
'된통'도 '아주 몹시'라는 뜻이 있어요. 하지만 '된통 혼나다'처럼 부정적인 상황에서 주로 쓰인답니다. 그러니까 '된통 맛있다'처럼 써서는 안 되겠지요?

1월 29 — 바른 맞춤법

쑥스러운 느낌이 들면 나도 모르게 혓바닥을 ☐☐ 내밀어.

낼름 VS 날름

 힌트

- 혀나 손을 빠르게 내밀었다가 들이는 모양을 나타내는 말이에요.
- 손을 재빨리 내밀어 무엇을 날쌔게 챙기는 모양을 말할 때 쓰기도 해요.
- '낼름'은 경상남도와 전라북도 지역에서 사용하는 방언이에요.
- [날름]이라고 발음하고 소리 나는 대로 쓴답니다.

정답: 날름

 **함께 알기**

'낼름낼름, 낼름대다, 낼름거리다' 모두 틀린 말이에요. '날름날름, 날름대다, 날름거리다'로 바르게 사용하세요.

고양이와 비슷하게 생겼지만
몸집이 조금 더 큰 야생동물인
살쾡이 삵 은
두 단어 모두 바른 맞춤법이에요.

1월 30 | 비슷한 맞춤법

게임을 하게 해달라고 눈물 ☐☐ 호소했지만 어림도 없었어.

로서 VS 로써

힌트

-로서	-로써
• 신분이나 자격을 나타내는 말이에요 • '초등학생으로서 해야 할 일은 재미있게 노는 거야.'	• 수단이나 도구를 나타내는데 '그것을 써서'와 같은 말이라고 생각하면 쉬워요. • '대화로써(=대화를 써서) 갈등을 해결했어.'

정답: 로써

기억 꿀팁: '로써'와 '그것을 써서'에는 모두 '써' 자가 들어가니 쉽게 기억할 수 있겠지요?

12월 01 외래어

자기만의 독특한 방법으로 이름을 적는 것을 뜻하는 올바른 외래어 표기는?

사인 VS 싸인

그림에서 힌트를 찾고 정답을 확인해 봐요.

영어로 'sign'이라고 써요. '사진'과 '사인'을 함께 묶어서 기억해 봐요!

1월 31 · 사자성어

모름지기 가족이라면 □□□□ 해야 하지 않을까?

동거동락 VS 동고동락

힌트
- 괴로움도 즐거움도 함께한다는 의미를 지니고 있어요.
- '동거'란 한집에 같이 산다는 뜻이에요.
- '동고'란 함께 고생한다는 뜻이에요.
- '동락'이란 같이 즐긴다는 뜻이랍니다.
- 한자로는 同苦同樂(한가지 동 / 괴로울 고 / 한가지 동 / 즐길 락)이라고 쓴답니다.

정답: 동고동락

함께 알기
'동고동락'의 반대말은 '감탄고토'예요. 비위에 맞으면 좋아하고 그렇지 않으면 싫어한다는 뜻이지요. 비슷한 뜻의 속담으로 '달면 삼키고 쓰면 뱉는다'가 있어요.

12월

· DECEMBER ·

2월

· FEBRUARY ·

11월 30일 — 비슷한 맞춤법

가로등에 이마를 □□ 않으려면 걸을 때 휴대폰을 안 봐야 해.

찧지  **찢지**

 힌트

찧다	찢다
• 곡식을 잘게 만들려고 절구에 담고 공이로 내리친다는 뜻이에요. • 사람이 무언가에 세게 부딪혔을 때도 쓸 수 있어요.	• 종이나 연한 물건을 잡아당겨 가른다는 뜻이에요. • 날카롭고 큰 소리가 귀를 심하게 자극한다는 뜻도 있답니다.

정답: 찧지

 **기억 꿀팁**
'찧다'와 비슷한 말은 '빻다'예요. 무언가를 찧어서 가루로 만든다는 뜻이지요. 두 단어 모두 'ㅎ' 받침을 쓰니 함께 기억해 두면 좋겠지요?

2월 01 - 바른 맞춤법

☐☐☐☐에 흰 구름이 걸려 있는 모습이 꼭 모자를 쓴 것 같아.

산봉우리 VS 산봉오리

힌트
- 산꼭대기의 뾰족하게 솟은 부분을 나타내는 말이에요.
- 이것을 '봉우리'라고 하기도 해요.
- '봉오리'는 아직 피지 않고 망울만 맺혀 있는 꽃을 의미해요.
- 그래서 '산'이 아닌 '꽃'과 어울려 '꽃봉오리'라고 말한답니다.

정답: 산봉우리

기억 꿀팁
'우뚝 솟아 있는 산봉우리'와 '오므라들어 있는 꽃봉오리'라는 문장을 기억해 둔다면 헷갈리지 않겠지요?

11월 29일 바른 맞춤법

철봉에 ☐☐☐ 매달리면 친구들 얼굴이 뒤집혀 보여서 재밌어.

꺼꾸로 VS 거꾸로

힌트
- 차례나 방향 등이 반대로 바뀌었다는 말이에요.
- 이것의 반대말은 '바로'예요.
- 몸이 뒤집혀 넘어지거나 엎어지는 상태를 '거꾸러지다'라고 해요.
- [거꾸로]라고 발음하고 소리 나는 대로 쓴답니다.

정답: 거꾸로

함께 알기
'쪽집게, 짜투리, 꾸정물'도 틀린 말이에요. '족집게, 자투리, 구정물'이 바른 말이랍니다.

2월 02 비슷한 맞춤법

내 동생은 힘이 ☐☐☐ 무거운 물건은 들지 못해.

달려서 VS 딸려서

힌트

달리다	딸리다
• 힘, 재주, 재물 등이 부족할 때 사용하는 말이에요. • 비슷한 말은 '모자라다'예요.	• 어떤 것에 다른 것이 매이거나 붙어 있을 때 사용하는 말이에요. • 비슷한 말은 '붙다'랍니다.

정답: 달려서

기억 꿀팁: '달리다'를 [딸리다]로 발음하는 사람이 많아요. 하지만 '달리다'는 [달리다]로 발음해야 해요. 정확한 발음을 익혀두면 맞춤법도 틀리지 않을 거예요.

11월 28 사자성어

동생이 자꾸만 ☐☐☐☐한 춤을 춰서 눈 뜨고 쳐다보기가 괴로워.

해괴망측 VS 회개망측

힌트
- 말할 수 없이 괴상하고 야릇할 때 쓰는 말이에요.
- '해괴'는 크게 놀랄 정도로 매우 괴이하고 야릇하다는 뜻이에요.
- '회개'는 잘못을 뉘우치고 고친다는 말이에요.
- '망측'은 정상적인 상태에서 어그러져 어이가 없거나 차마 보기가 어렵다는 뜻이랍니다.
- 한자로는 駭怪罔測(놀랄 해 / 괴이할 괴 / 없을 망 / 헤아릴 측)이라고 쓴답니다.

정답: 해괴망측

함께 알기
'해괴망측'과 같은 뜻을 지닌 말은 '괴괴망측'이에요. 이 단어들이 어렵게 느껴진다면 '이상하다', '괴상하다'라고 말해도 좋아요.

2월 03 — 외래어

밀가루, 달걀, 버터, 우유, 설탕 등을 섞어 오븐에 구운 빵을 뜻하는 올바른 외래어 표기는?

케이크 VS 케익

그림에서 힌트를 찾고 정답을 확인해 봐요.

- 내 생일이니까 내 건 반원으로 크게 잘라줘, 누나!
- 안 돼, 케이크는 삼각형으로 자르는 거야.

영어로 'cake'라고 써요. 케이크를 자르면 삼각형 모양이니 두 글자가 아닌 세 글자라고 기억해 보세요!

11월 27일 — 비슷한 맞춤법

엄마: 네가 벽에 낙서했니?
동생: ☐☐☐, 누나가 그랬어요!

아니오  아니요

힌트

아니오	아니요
• 어떤 사실을 인정하지 않는다는 뜻으로, 문장 끝에 쓰여요. • 예스러운 말투로 어르신들께서 주로 사용해요.	• 윗사람의 물음에 그렇지 않다고 대답할 때 쓰는 말이에요. • '네'의 반대말이라고 생각하면 쉽답니다.

정답: 아니요

기억 꿀팁: 존댓말을 할 때는 말끝에 '-요' 자를 붙여요. 그러니까 어른에게는 '아니'에 '-요' 자를 붙여 '아니요'라고 대답해야 해요. 존댓말을 할 때 '-오'를 붙이는 친구는 없겠지요?

2월 04

복수 표준어

자꾸 들어왔다 나갔다
하는 모습을 나타낼 때 사용하는
`들락날락` `들랑날랑` 은
두 단어 모두 바른 맞춤법이에요.

11월 26 — 바른 맞춤법

엘리베이터 안에서 □□를 뀌는 건 예의에 어긋나는 행동이야.

방구 VS 방귀

 **힌트**
- 뱃속에서 항문을 거쳐 밖으로 나오는, 고약한 냄새가 나는 무색의 기체를 말해요.
- 이와 비슷한 말은 '가스'예요.
- 잇따라 뀌는 이것을 '줄방귀'라고 표현해요.
- '방구'는 강원, 경상, 전라, 충청도 지역에서 사용하는 방언이랍니다.

정답: 방귀

 **기억 꿀팁**
'방구를 꾸었다'라고 말하는 친구도 있지만 '방귀를 뀌었다'가 바른 말이에요. '귀'와 '뀌'가 비슷하게 생겼으니 함께 묶어 기억해 두면 좋겠지요?

2월 05 바른 맞춤법

아빠는 매운 음식을 못 드셔서 ☐☐☐는 언제나 내 차지야.

떡볶이 VS 떡볶기

힌트
- 적당한 크기로 자른 가래떡과 어묵에 갖은 양념을 넣어 볶은 음식이에요.
- 구운 갈비는 '갈비굽기'가 아닌 '갈비구이'라고 해요.
- 구운 생선도 '생선굽기'라고 하지 않고 '생선구이'라고 하지요.
- 그렇다면 볶은 떡도 '떡볶기'라고 하지는 않겠지요?

정답: 떡볶이

기억 꿀팁
갈비구이, 생선구이, 떡볶이에 라볶이까지. 맛있는 음식은 모두 '이' 자로 끝나는군요!

11월 25일

복수 표준어

몸이 무겁고 거북하거나, 비나 눈이 올 것처럼 날씨가 궂을 때 쓰는 말인 찌뿌듯하다 찌뿌둥하다 는 두 단어 모두 바른 맞춤법이에요.

2월 06 — 비슷한 맞춤법

지팡이를 □□ 할아버지가 눈길을 조심히 걸어가셨어.

집은 VS **짚은**

 힌트

집다	짚다
• 손가락이나 발가락 또는 젓가락 같은 기구로 물건을 잡아서 들어 올린다는 뜻이에요. • 비슷한 말은 '잡다'예요.	• 바닥이나 벽 또는 지팡이 같은 기구에 몸을 의지한다는 뜻이에요. • 비슷한 말은 '의지하다'예요.

정답 : 짚은

 **기억 꿀팁**

'짚다'는 '짚은, 짚어서, 짚으니' 등으로 활용할 수 있고 발음은 [지픈], [지퍼서], [지프니]랍니다. 눈으로 읽는 대신 소리 내 발음하면 받침이 'ㅍ'이라는 사실을 쉽게 알 수 있지요?

11월 24일

외래어

어떤 사실을 알리기 위해 보내는 말을 뜻하는 올바른 외래어 표기는?

메세지 VS 메시지

그림에서 힌트를 찾고 정답을 확인해 봐요.

> 누나, 집이지?
> 내 책상 위에 지갑 있는지 확인 좀 해 줘.
> 빨리!!!! 급하단 말이야!!!!

> 메시지 오는 거 아니냐고? 신경 안 써도 돼. 그나저나 그래서 어떻게 됐는데?

 영어로 'message'라고 써요. 메시지를 보내면 숫자 1이 따라붙으니 '메시지'라고 기억해 봐요!

2월 07 사자성어

강아지를 버리고 ☐☐☐☐한 사람은 벌을 받아야 해.

야밤도주 VS 야반도주

힌트
- 다른 사람의 눈을 피해 한밤중에 도망친다는 뜻을 지니고 있어요.
- '야밤'은 깊은 밤이라는 뜻이에요.
- '야반'은 밤을 반으로 자른 한가운데라는 뜻으로 한밤중을 의미해요.
- '도주'는 피하거나 쫓겨 도망가는 것을 말해요.
- 한자로는 夜半逃走(밤 야 / 반 반 / 도망할 도 / 달릴 주)라고 쓴답니다.

정답 : 야반도주

기억 꿀팁
'야반'과 '야밤'의 뜻은 사실 비슷해요. 하지만 '밤'은 순우리말이라 한자로 이루어진 사자성어와는 어울리지 않는답니다.

11월 23일 — 비슷한 맞춤법

오빠는 다른 친구들처럼 키가 쑥쑥 자라지 않는다며 □□에 잠겼어.

씨름 VS 시름

힌트

씨름	시름
• 두 사람이 샅바를 잡고 힘을 겨루는 우리나라 고유의 운동이에요. • 어떤 일을 이루기 위해 온 힘을 쏟을 때도 사용하지요.	• 마음에 걸려 풀리지 않는 걱정을 말해요. • 비슷한 말은 '근심'이랍니다.

정답: 시름

기억 꿀팁: 오랫동안 시름에 잠기면 마음의 병을 시름시름 앓게 돼요. 이것을 '씨름씨름 앓는다'라고 쓰는 친구는 없겠지요?

2월 08 바른 맞춤법

딱 십 분만 더 누워 있다가 샤워☐☐☐.

할게요 VS 할께요

힌트
- 어떤 행동을 하겠다고 약속하며 문장을 마무리할 때 사용하는 말이에요.
- 어떤 행동에 대한 의지를 나타내며 문장을 끝맺을 때 쓰기도 하지요.
- 옛날에는 '할께요'가 맞는 말이었지만 지금은 아니에요.
- [할께요]라고 발음하지만 맞춤법은 그렇지 않답니다.

정답: 할게요

함께 알기
'할게요'가 맞고 '할께요'가 틀린 것처럼, '거예요'가 맞고 '꺼예요'는 틀렸다는 사실도 함께 알아두면 좋아요.

11월 22 바른 맞춤법

쌀쌀한 날씨에 차가운 □□국수를 먹었더니 이가 덜덜 떨려.

모밀 VS 메밀

힌트

- 이 풀의 줄기는 곧고 붉은빛을 띠며 초가을에는 희고 작은 꽃이 피어요.
- 거무스름한 열매는 가루를 내서 국수나 묵을 만들어요.
- 이것은 산(뫼)에서 나는 밀로, 예전에는 '뫼밀'이라고 불렀어요.
- 하지만 시간이 흘러 [메밀]로 발음하게 되었고, 소리 나는 대로 쓴답니다.

정답: 메밀

기억 꿀팁

'메밀묵'을 '모밀묵'이라고 하지 않지요? 함께 기억하면 더 확실히 알 수 있을 거예요.

2월 09

비슷한 맞춤법

동생에게 곱하기를 ☐☐☐☐가 답답해 죽는 줄 알았어.

가르치다 VS 가리키다

 힌트

가르치다	가리키다
• 모르는 것을 알려줄 때 사용하는 말이에요. • 비슷한 말은 '교육하다'예요.	• 무언가를 꼭 집어 보게 할 때 사용하는 말이에요. • 비슷한 말은 '지목하다'예요.

정답: 가르치다

 **기억 꿀팁**

지식이나 기술을 깨달아 알게 하는 일을 '가르침'이라고 해요. '가르침'과 '가르치다'가 꼭 닮았으니 쉽게 기억할 수 있겠지요?

11월 21일 사자성어

맞춤법 파괴자였던 동생이
책을 많이 읽더니
받아쓰기 실력이 □□□□했어.

괄목상대 VS 갈목상대

힌트
- 눈을 비비고 상대편을 본다는 뜻으로, 상대방의 지식이나 재주가 놀랄 만큼 늘었을 때 사용하는 말이에요.
- '괄목'은 눈을 비비고 볼 정도로 매우 놀랐다는 의미예요.
- '갈목'은 갈대의 이삭을 말해요.
- '상대'는 서로 마주 대한 대상을 뜻한답니다.
- 한자로는 刮目相對(긁을 괄 / 눈 목 / 서로 상 / 대할 대)라고 쏜답니다.

정답 - 괄목상대

함께 알기
옛날, 중국의 여몽이라는 장군은 무예만큼 학문도 익혀야 한다는 왕의 조언에 열심히 공부했어요. 몇 년 뒤, 놀랄 만큼 똑똑해진 그를 보고 놀란 친구에게 여몽은 이렇게 말했지요. "선비는 헤어진 지 며칠만 지나도 눈을 비비고 봐야 할 만큼 달라져야 하는 법이라네."

2월 10

외래어

여러 음식을 큰 식탁에 차려놓고 손님이 스스로 덜어 먹게 하는 식당을 뜻하는 올바른 외래어 표기는?

부페 VS 뷔페

그림에서 힌트를 찾고 정답을 확인해 봐요.

 프랑스어로 'buffet'라고 써요. '뷔페에 갈 때는 뷔스티에 금지!'라는 문장으로 기억해 봐요!

11월 20 비슷한 맞춤법

휴대폰 게임을 습관적으로 하는 건 ☐☐ 낭비 같아.

시각 VS 시간

힌트

시각	시간
• '지금 시각은 2시야'처럼 시간의 어느 한 순간을 말해요.	• 어떤 시각에서 어떤 시각까지의 사이를 말해요. • '밥 먹을 시간도 없어'처럼 어떤 행동을 할 틈을 뜻하기도 해요.

정답: 시간

기억 꿀팁

'시각'은 때 시(時), 새길 각(刻) 자를 써요. 시계에 시각이 조각되어 있다고 생각한다면, 시각이 흐르지 않는다는 사실을 떠올릴 수 있겠지요?

소식이나 연락이 전혀 없는 상태를 뜻하는
깜깜무소식 깜깜소식 은
두 단어 모두 바른 맞춤법이에요.

11월 19 — 바른 맞춤법

내가 사는 아파트는 꼭 □□□처럼 생겼어.

널빤지 VS 널판지

 **힌트**
- 판판하고 넓게 썬 나뭇조각을 가리키는 말이에요.
- 옛날에는 '널반지'라고 말했대요.
- [반지]는 '판자'의 중국어 발음 [반쯔]가 변한 거예요.
- [널판지]보다 [널빤지]라고 발음하는 사람이 많아서 이것이 표준어가 되었답니다.

정답 : 널빤지

 **기억 꿀팁**
구김살이나 울퉁불퉁한 데가 없이 고르고 반듯한 모양은 '빤빤하다'라고 표현할 수 있어요. 그러니까 '빤빤한 널빤지'라는 문장으로 기억해 두면 더는 헷갈리지 않겠지요?

2월 12일 바른 맞춤법

아빠의 흰머리 열 가닥을 뽑아드린 □□로 천 원을 받았어.

댓가 VS 대가

힌트
- 일을 하고 그에 대한 값으로 받는 돈을 뜻해요.
- 이와 비슷한 말은 '값'이에요.
- 한자로는 代價(대신할 대 / 값 가)라고 써요.
- 한자와 한자가 만나 만들어진 단어 사이에는 'ㅅ' 받침을 쓰지 않는답니다.

정답: 대가

함께 알기
'갯수'가 아니라 '개수', '촛점'이 아니라 '초점'이라는 사실도 함께 알아 두세요!

발목 부근에 안팎으로 둥글게 나온 뼈를 가리키는 복사뼈 복숭아뼈 는 두 단어 모두 바른 맞춤법이에요.

2월 13일 - 비슷한 맞춤법

귀신을 직접 본 적은 없지만 나는 귀신이 □□고 생각해.

잇다 VS 있다

 힌트

잇다	있다
• 떨어져 있는 두 끝을 맞대어 하나로 붙이는 일을 뜻해요. • 반대말은 '끊다'예요.	• 사람, 동물, 물건 등이 자리나 공간을 차지한 상태를 뜻해요. • 반대말은 '없다'랍니다.

정답 - 있다

기억 꿀팁: 걸그룹 'ITZY'의 그룹명은 '원하는 거 전부 있지?'라는 뜻을 지니고 있대요. 'V' 자로 만든 양손을 눕혀 'Z' 모양을 내보이며 인사를 하는데요. 그 모습이 꼭 쌍시옷 'ㅆ' 같아 보이더라고요!

11월 17일

외래어

코코아 가루에 우유나 설탕 같은 재료를 섞어 만든 과자를 말하는 올바른 외래어 표기는?

초콜렛 VS **초콜릿**

그림에서 힌트를 찾고 정답을 확인해 봐요.

 영어로 'chocolate'이라고 써요. '짜릿짜릿 초콜릿'이라는 문장으로 기억해 봐요!

2월 14일 · 사자성어

태권도 사범님의 구령에 맞춰 ☐☐☐☐하게 태극 품새를 연습했어.

일사불란 VS 일사분란

 **힌트**
- 한 오라기의 실도 엉키지 않았다는 뜻으로, 질서가 잘 잡혀 조금도 흐트러지지 않은 모습을 나타내는 말이에요.
- '일사'는 한 오라기의 실이라는 뜻이에요.
- '불란'은 어지럽거나 혼란스럽지 않은 것을 뜻해요.
- '분란'은 어수선하고 소란스러운 상태를 의미해요.
- 한자로는 一絲不亂(한 일 / 실 사 / 아닐 불 / 어지러울 란)이라고 쓴답니다.

정답: 일사불란

 **함께 알기**
'일사불란'의 반대말은 '우왕좌왕'이에요. 어찌할 바를 몰라 이리저리 왔다 갔다 하는 모습을 나타내는 말이랍니다.

11월 16일 — 비슷한 맞춤법

우리 누나는 방탄소년단의 정국을 남편 □□ 싶다고 노래를 불러.

삶고  삼고

삶다	삼다
• 물에 넣고 끓인다는 뜻이에요. • 비슷한 말은 '익히다'예요.	• 다른 사람을 자기와 관계있는 사람으로 만든다는 뜻이에요. • 팔을 베개 삼아 눕거나, 강아지를 친구 삼아 놀거나, 어떤 일을 문제로 삼기도 한답니다.

정답: 삼고

기억 꿀팁: 만약 '삼다'를 '삶다'로 잘못 쓴다면, 방탄소년단의 정국을 물에 넣고 끓이겠다는 뜻이 되어 버려요. 사람은 절대 삶으면 안 돼요!

2월 15일 — 바른 맞춤법

엄마는 내가 아직도 ☐☐ 같은지 온종일 나에게서 눈을 떼지 않아.

아기 VS 애기

 **힌트**
- 젖이나 우유를 먹는 어린아이를 뜻하는 말이에요.
- 짐승의 새끼나 작은 사물을 귀엽게 부를 때도 이 말을 쓰지요.
- 여러분은 세상에 나오기 전, 엄마 배 속의 '아기집'에서 열 달 동안 지냈어요.
- 반짝반짝 빛나는 작은 별을 '아기별'이라고 한답니다.

정답: 아기

 **함께 알기**
아기를 부를 때는 '아가'라고 한다는 사실도 함께 알아두도록 해요!

바른 맞춤법

오징어 다리는 열 개인데 왜 ☐☐가 모자라지?

개수 VS 갯수

힌트
- 한 개씩 셀 수 있는 물건의 수를 나타내는 말이에요.
- 이와 비슷한 말은 '수효'예요.
- 한자로는 個數(낱 개 / 셈 수)라고 써요.
- 한자와 한자가 만나 만들어진 단어 사이에는 'ㅅ' 받침을 쓰지 않는답니다.

정답: 개수

함께 알기
한자와 한자가 만나 이루어진 단어 사이에는 'ㅅ' 받침을 쓰지 않는다는 이야기를 앞에서도 다룬 적이 있어요. '대가'와 '화병'도 'ㅅ' 받침을 쓰지 않는다는 사실, 잊지 않았겠지요?

2월 16 — 비슷한 맞춤법

장난감을 사려면 엄마에게 ☐☐를 받아야 해.

결제 VS 결재

힌트

결제	결재
• 돈을 주고받아 거래를 끝맺는 일을 뜻해요. • 비슷한 말은 '계산'이에요.	• 아랫사람이 내놓은 안건을 윗사람이 검토한 후 허락한다는 뜻이에요. • 비슷한 말은 '승인, 허가, 허락'이랍니다.

정답: 결재

기억 꿀팁: '결제'는 돈(경제)과 관련 있고 둘 다 모음 'ㅔ'가 있어요. '결재'는 대표가 허락하는 것인데 두 단어 모두 모음 'ㅐ'가 들어 있지요. 함께 연관 지어 기억해 보세요!

11월 14일 사자성어

남자들은 □□□□적으로 머리가 짧지만 난 길러 보고 싶어.

천편일률 VS 천편인률

 **힌트**

- 천 편의 글이 하나의 가락으로 짜여 있다는 뜻으로, 여러 사물이 모두 비슷비슷하다는 말이에요.
- '천편'은 천 개의 글이라는 의미를 지니고 있어요.
- '일률'은 같은 가락이라는 뜻이에요.
- '인륜'은 사람 사이에서 지켜야 할 도리를 뜻한답니다.
- 한자로는 千篇一律(일천 천 / 책 편 / 한 일 / 가락 률)이라고 쓴답니다.

정답: 천편일률

 **함께 알기**

'천편일률'의 반대말은 '천차만별'이에요. 여러 가지 사물이 모두 차이가 있고 구별이 있다는 뜻이랍니다.

2월 17일

외래어

어떤 물질을 먹거나 만졌을 때 콧물, 재채기 등이 나타나는 현상을 뜻하는 올바른 외래어 표기는?

알러지 VS 알레르기

그림에서 힌트를 찾고 정답을 확인해 봐요.

 독일어로 'allergie'라고 써요. '알레르기 무찌르기'라는 문장으로 기억해 봐요!

11월 13일

비슷한 맞춤법

아이스크림을 다 먹으려다가 동생 □으로 한 숟갈을 남겨 뒀어.

목 VS 몫

힌트

목	몫
· 머리와 몸통을 잇는 잘록한 부분이나, 그곳을 통해 나오는 소리를 말해요. · 자리가 좋아 장사가 잘되는 곳이나 길을 뜻하기도 해요.	· 여럿으로 나누어 가지는 각 부분을 말해요. · 나눗셈의 결과로 얻은 수를 뜻하기도 한답니다.

정답 ▶ 몫

함께 알기: '몫' 자가 들어가는 단어 중 가장 자주 쓰이는 건 '한몫하다'예요. 한 사람으로서 맡은 역할을 충분히 한다는 뜻이랍니다.

2월 18 — 복수 표준어

어떤 일을 하는 데 그와는
전혀 관계없는 일이나 행동을 뜻하는
딴전 딴청 은
두 단어 모두 바른 맞춤법이에요.

11월 12일

바른 맞춤법

어디선가 풍겨오는 붕어빵 냄새에 나도 모르게 ☐☐☐을 벌름거렸어.

콧방울 VS 콧망울

 힌트
- 코끝 양쪽으로 둥글게 방울처럼 내민 부분을 가리키는 말이에요.
- 그러니까 이 단어는 '코'와 '방울'이 합쳐진 말이지요.
- [콛빵울]이라고 발음해요.
- 뒤에 오는 단어가 [빵울]처럼 된소리로 발음되면 단어 사이에 'ㅅ'을 받쳐 쓴답니다.

정답 : 콧방울

 함께 알기

눈알 앞쪽의 눈동자가 있는 도톰한 곳은 '눈망울'이라고 한답니다.

2월 19 | **바른 맞춤법**

친구가 나에게 자기 숙제를 대신해달라고 해서 ☐☐☐☐☐.

어이없었어 VS 어의없었어

힌트
- 일이 너무 뜻밖이어서 기가 막힌다는 뜻이에요.
- '어처구니없다'와 같은 말이에요.
- 이와 비슷한 말은 '황당하다'예요.
- '어의'는 임금이 입는 옷 또는 임금의 병을 치료하는 의원을 의미합니다.

정답: 어이없었어

함께 알기
이러한 상황을 '어안이 벙벙하다'라고 표현하기도 해요. '어안'은 어이없어 말을 못 하고 있는 혀 안을 뜻하고, '벙벙하다'는 뜻밖의 일을 당해 얼떨떨한 상태를 나타내는 말이랍니다.

11월 11 | 복수 표준어

조금 쓴 맛이 있는 듯함을 나타내는
쌉싸래하다 쌉싸름하다 는
두 단어 모두 바른 맞춤법이에요.

2월 20
비슷한 맞춤법

나는 머리숱이 너무 많아서 미용실에 갈 때마다 적당히 ☐☐ 줘야 해.

속아 VS **솎아**

 힌트

속다	솎다
• 남의 거짓이나 꾀에 넘어갔을 때 사용하는 말이에요. • 비슷한 말은 '당하다'예요.	• 촘촘히 나 있는 것을 군데군데 뽑아 성기게 만들 때 사용하는 말이에요.

정답: 솎아

 **기억 꿀팁**

'솎다'는 '솎아, 솎으면, 솎으니' 등으로 활용하고 [소까], [소끄면], [소끄니]'라고 발음해요. 눈으로만 읽지 말고 소리 내어 발음하면 받침이 'ㄲ'이라는 사실을 쉽게 알 수 있겠죠?

11월 10

외래어

영상에서 원하는 장면을 편집하여 분리한다는 뜻의 올바른 외래어 표기는?

캡처 VS 캡쳐

그림에서 힌트를 찾고 정답을 확인해 봐요.

이 사진 인터넷에 올려도 돼? 출처는 밝힐게.

이상한 표정 좀 캡처하지 말라고!

 영어로 'capture'라고 써요. '캡처한 사진의 출처'라는 문장으로 기억해 봐요!

2월 21 · **사자성어**

용궁에 간 토끼는 간을 빼앗길 ☐☐☐☐의 위기에 처했어.

절대절명 VS 절체절명

 **힌트**
- 몸도 목숨도 다 되었다는 뜻으로, 몹시 절박한 상황을 나타내는 말이에요.
- '절대'는 '무슨 일이 있어도 반드시'라는 뜻이에요.
- '절체'는 몹시 절박한 상황을 의미하는 말이에요.
- '절명'은 목숨이 끊어짐을 뜻하는 말이랍니다.
- 한자로는 絶體絶命(끊을 절 / 몸 체 / 끊을 절 / 목숨 명) 이라고 쓴답니다.

정답 : 절체절명

 **함께 알기**
'절체절명'과 비슷한 말은 '풍전등화'예요. 매우 위태로운 상황에 놓여 있음을 나타내는 말이지요. 같은 뜻의 속담으로 '바람 앞의 등불'이 있어요.

11월 09
비슷한 맞춤법

친구가 빌려준 만화책을 잃어버려서 친구를 볼 □이 없어.

낯 VS 낮

힌트

낯	낮
• 눈, 코, 입이 있는 얼굴의 앞쪽 면을 뜻해요. • 남을 대하기에 떳떳할 만한 도리를 뜻하기도 해요.	• 해가 뜰 때부터 질 때까지의 동안을 뜻해요. • 낮의 한가운데, 그러니까 낮 12시쯤을 뜻하기도 한답니다.

정답: 낯

기억 꿀팁: 얼굴의 빛깔이나 기색을 '낯빛'이라고 해요. 보시다시피 '빛'에도 ㅊ 받침이 들어 있어요. 그러니까 낯빛이라는 단어를 기억해 두면 '낯'의 받침이 헷갈리지 않겠지요?

2월 22 | **바른 맞춤법**

이번 바자회에서 나의 □□은 물건을 보기 좋게 진열하는 거야.

역할 VS 역활

 **힌트**
- 일을 나누어 한다는 뜻으로, 자기가 마땅히 해야 할 맡은 일을 뜻해요.
- 배우가 극에 등장하는 인물을 맡는 일을 뜻하기도 해요.
- 이와 비슷한 말은 '임무'예요.
- 한자로는 役割(부릴 역 / 나눌 할)이라고 쓴답니다.

정답: 역할

 **기억 꿀팁**

돈을 나누어 내는 것을 '할부', 몫을 나누는 것을 '할당'이라고 해요. 나눈다는 의미를 지닌 말에는 모두 '할' 자가 들어가네요. 그렇다면 일을 나눈다는 단어도 '역할'이겠지요?

11월 08 | **바른 맞춤법**

교실 문을 열려는 □□ 준비물을 집에 두고 온 게 생각났어.

찰라 VS 찰나

 **힌트**
- 어떤 일이나 현상이 일어나는 바로 그때를 뜻해요.
- 이와 비슷한 말은 '순간'이에요.
- 한자로는 刹那(절 찰 / 어찌 나)라고 써요.
- [찰라]라고 발음하지만 맞춤법은 이와 다르답니다.

정답: 찰나

 **함께 알기**

'찰나'를 '[찰라]'라고 발음하는 이유는 그것이 더 편하기 때문이에요. '칼날, 줄넘기, 별나라'를 '[칼랄], [줄럼끼], [별라라]'로 발음하는 것처럼 말이에요.

2월 23일

비슷한 맞춤법

언니와 나는 쌍둥이라서 똑같이 생겼지만 성격은 완전히 ☐☐.

틀려 **달라**

힌트

틀리다	다르다
• 계산이나 사실이 맞지 않고 어긋날 때 쓰는 말이에요. • 반대말은 '맞다'예요	• 비교가 되는 두 대상이 서로 같지 않을 때 쓰는 말이에요. • 반대말은 '같다'랍니다.

정답 - 달라

기억 꿀팁

걸그룹 'ITZY'의 노래 〈달라달라〉를 불러 보면 두 대상이 서로 같지 않을 때 '다르다'를 사용한다는 사실을 확실히 느낄 수 있을 거예요.
"난 너랑 달라 달라~♪"

11월 07 사자성어

어제까지 다정했던 친구가 오늘은 왜 쌀쌀맞은지 ☐☐☐☐을 알고 싶어.

자초지정 VS 자초지종

힌트
- 처음부터 끝까지의 과정을 말해요.
- '자초'는 어떤 일이 시작된 처음을 뜻해요.
- '지정'은 분명히 그렇게 가리켜 정한다는 뜻이에요.
- '지종'은 마지막에 이르렀다는 의미랍니다.
- 한자로는 自初至終(스스로 자 / 처음 초 / 이를 지 / 마칠 종)이라고 쓴답니다.

정답: 자초지종

함께 알기
'자초지종'의 반대말은 '단도직입'이에요. 혼자서 칼 한 자루를 들고 적진으로 곧장 쳐들어간다는 뜻으로, 여러 말을 늘어놓지 않고 문제의 핵심을 곧바로 말한다는 의미이지요.

2월 24 | 외래어

반지, 귀걸이, 팔찌처럼 몸을 치장할 때 사용하는 물건을 가리키는 올바른 외래어 표기는?

액세서리 VS 악세서리

그림에서 힌트를 찾고 정답을 확인해 봐요.

 영어로 'accessory'라고 써요. '금액이 큰 액세서리'라는 문장으로 기억해 봐요!

11월 06 | 비슷한 맞춤법

아빠는 내가 아빠의 넙데데한 얼굴을 □□ 않았으면 좋겠다고 생각했대.

닮지 VS 담지

힌트

닮다	담다
• 생김새나 성질이 비슷할 때 사용하는 말이에요. • 다른 사람을 본받아 그대로 좇아 행동할 때도 쓸 수 있어요.	• 어떤 물건을 그릇 등에 넣을 때 사용하는 말이에요. • 편지에 마음을 담거나, 선물에 정성을 담거나, 풍경을 카메라에 담을 수도 있답니다.

정답: 닮지

기억 꿀팁

'닮다'는 '닮아, 닮아서, 닮으니'로 활용하고 [달마], [달마서], [달므니]로 발음해요. '담다'는 '담아, 담아서, 담으니'로 활용하고 [다마], [다마서], [다므니]로 발음하지요. 단어를 다양하게 발음해 보면 어떤 받침을 쓰는지 쉽게 알 수 있답니다.

말과 행동이 순진하고 어설픈 것을 뜻하는 어수룩하다 어리숙하다 는 두 단어 모두 바른 맞춤법이에요.

11월 05 바른 맞춤법

아무리 연습해도 ☐☐☐을 여는 일은 여전히 어렵기만 해.

우유갑 VS 우유곽

힌트
- 우유를 담아 두는 작은 상자를 뜻하는 말이에요.
- 성냥개비를 넣는 작은 상자는 '성냥갑', 비누를 담는 작은 상자는 '비눗갑'이라고 해요.
- 그러니까 '갑'은 물건을 담는 작은 상자라는 뜻이지요.
- '곽'이라는 고유어도 작은 상자라는 뜻이 있었지만 '갑'이 널리 쓰여서 표준어가 되었답니다.

정답: 우유갑

함께 알기
물건을 담는 작은 상자인 갑을 세는 단위 역시 '갑'이라고 해요. '성냥 한 갑, 분필 세 갑'처럼 말이에요.

2월 26 — 바른 맞춤법

할머니가 배추를 소금물에 ☐☐☐.
그렇게 잘 절인 배추로 김치를 ☐☐☐.

담궜어 VS 담갔어

 힌트
- 무언가를 액체 속에 넣을 때 사용할 수 있는 말이에요.
- 김치나 젓갈 같은 발효 음식을 만드는 일을 뜻해요.
- '담갔어'는 '담그다'를 활용한 말이에요.
- '담궜어'는 '담구다'를 활용한 말이지만, 우리말에 '담구다' 라는 단어는 없답니다.

정답 - 담갔어

 함께 알기

'치르다'는 '치렀어'로, '잠그다'는 '잠갔어'로 활용한다는 사실도 함께 알아두면 좋아요. ('치뤘어'와 '잠궜어'는 모두 틀린 말!)

11월 04 — 복수 표준어

윗사람의 부름이나 물음에
긍정하는 대답인 네 예 는
두 단어 모두 바른 맞춤법이에요.

2월 27 — 비슷한 맞춤법

"큰일을 ☐☐ 볼까?"
우리는 식탁 위에 ☐☐ 놓은 재료로 만두를 빚었어.

벌여 VS **벌려**

힌트

벌이다	벌리다
• 일을 계획하여 시작한다는 뜻을 지니고 있어요. • 물건을 늘어놓은 것을 뜻하기도 해요.	• 사이를 넓히거나 연다는 뜻을 지니고 있어요. • 반대말은 '오므리다'예요.

정답: 벌여

기억 꿀팁: 벌릴 수도 있고 오므릴 수도 있으면 '벌리다'가 맞지만 그렇지 않다면 '벌이다'가 맞겠지요?

11월 03 외래어

어떤 한 가지 일에 몹시 열중하는 사람 또는 그런 일을 뜻하는 올바른 외래어 표기는?

매니아 VS 마니아

그림에서 힌트를 찾고 정답을 확인해 봐요.

 영어로 'mania'라고 써요. '한국인은 마늘 마니아'라는 문장으로 기억해 봐요!

2월 28 · **사자성어**

간밤에 태풍이 몰아쳐서 온 마을이 □□□□되었어.

풍비박산 VS 풍지박산

 **힌트**
- 바람에 날려 우박이 흩어진다는 뜻으로, 산산이 부서져 사방으로 날아감을 의미하는 말이에요.
- '풍비'는 바람을 타고 날아 흩어진다는 뜻이에요
- '풍지'는 문틈으로 새어 들어오는 바람을 막기 위해 문짝 주변에 바른 종이를 가리켜요.
- '박산'은 우박이 흩어지는 모습을 나타낸 말이랍니다.
- 한자로는 風飛雹散(바람 풍 / 날 비 / 우박 박 / 흩을 산)이라고 쏜답니다.

정답: 풍비박산

 **함께 알기**
'풍비박산'과 같은 '비' 자를 쓰는 사자성어로 '혼비백산'이 있어요. 혼이 어지러이 흩어진다는 뜻으로, 몹시 놀라 넋을 잃음을 나타내는 말이랍니다.

11월 02 | 비슷한 맞춤법

새로 나온 핵불닭볶음면은 옛날 것보다 세 ☐☐은 매운 것 같아!

갑절 곱절

 힌트

갑절	곱절
• 어떤 수나 양을 두 번 합한 만큼을 뜻해요. • 그러니까 '갑절'은 '두 배'와 같은 말이지요.	• 어떤 수나 양을 두 번 합한 만큼을 뜻해요. • 일정한 수나 양이 그 수만큼 거듭됨을 나타내기도 한답니다.

 **기억 꿀팁**

갑절과 곱절은 모두 2배라는 뜻이에요. 하지만 '갑절'은 2배의 의미로만 쓰이는 반면, 곱절은 앞에 숫자가 붙으면 세 곱절(=3배), 네 곱절(=4배) …로 쓸 수 있어요. '곱절'을 '곱하기'와 같은 말이라고 기억해 보세요.

3월

• MARCH •

11월 01 　바른 맞춤법

☐☐ 싸움을 할 때는 두 다리를 바닥에 단단히 고정하는 게 중요해.

베게 VS 베개

 **힌트**
- 잠을 자거나 누울 때 머리 밑에 받치는 물건을 뜻해요.
- 덮는 물건은 덮개, 까는 물건은 깔개예요. 그렇다면 베는 물건은 무엇일까요?
- 누울 때 머리 밑에 받친 팔을 '팔베개'라고 해요.
- '베게'는 강원, 경기, 경상도 등의 지역에서 사용하는 방언이랍니다.

정답: 베개

 **기억 꿀팁**
베개를 베고 잠을 자다 보면 어수선한 개꿈을 꾸는 날도 있어요. '베개'와 '개꿈'을 합쳐서 '베개꿈'이라고 기억해 보면 어떨까요? 잊으려야 잊을 수 없겠지요?

3월 01 / 바른 맞춤법

일등이나 이등이나 ☐☐☐☐이니까 일등을 놓쳤다고 속상해할 필요 없어.

도긴개긴 VS 도찐개찐

 **힌트**

- 윷놀이에서 '도'로 남의 말을 잡을 수 있는 거리나 '개'로 남의 말을 잡을 수 있는 거리는 별반 차이가 없다는 뜻이에요.
- 서로 비슷비슷하여 견주어 볼 필요가 없을 때 이 말을 사용할 수 있지요.
- 이와 비슷한 말은 '오십보백보'예요.
- [도긴개긴]이라고 발음하고 소리 나는 대로 쓴답니다.

정답: 도긴개긴

 **기억 꿀팁**

'긴'은 윷놀이에서 남의 말을 쫓아 잡을 수 있는 거리를 뜻해요. '도긴개긴'은 윷놀이와 관련된 말이니 '찐'이 아닌 '긴'을 써야겠지요?

11월

• NOVEMBER •

3월 02 비슷한 맞춤법

감기에 걸려 결석한 친구에게 빨리 ☐☐☐☐ 안부 전화를 했어.

나으라고 VS **낳으라고**

힌트

낫다	낳다
• 병이나 상처가 회복된다는 뜻이에요. • '나아, 낫는, 나으니' 등으로 활용할 수 있어요.	• 배 속에 있는 아이나 새끼를 몸 밖으로 내놓는 행동을 의미해요. • '낳아, 낳는, 낳으니' 등으로 활용할 수 있답니다.

정답: 나으라고

기억 꿀팁: '낳다'는 출산과 관련 있는 말이에요. '내놓다'와 비슷한 말이라고 생각한다면 'ㅎ' 받침이 들어간다는 사실을 금세 떠올릴 수 있겠지요?

10월 31 사자성어

아무리 ☐☐☐☐이라지만 아빠가 장수하려면 살을 빼야 할 것 같아.

인명제천 VS 인명재천

 힌트

- 사람의 목숨은 하늘에 달려 있다는 뜻으로, 목숨의 길고 짧음은 사람의 힘으로 어쩔 수 없다는 말이에요.
- '인명'은 사람의 목숨을 뜻해요.
- '제천'은 하늘에 제사를 지낸다는 의미예요.
- '재천'은 어떤 일이 하늘의 뜻에 달려 있다는 뜻이랍니다.
- 한자로는 人命在天(사람 인 / 목숨 명 / 있을 재 / 하늘 천)이라고 쓴답니다.

정답 - 인명재천

 함께 알기

'인명재천'과 비슷한 말은 '운수소관'이에요. 모든 일이 운수에 달려 있어 사람의 힘으로는 어찌할 수 없다는 뜻이랍니다.

3월 03 | 외래어

스마트폰이나 컴퓨터 등에 설치하여 사용하는 응용 프로그램을 뜻하는 올바른 외래어 표기는?

애플리케이션 VS 어플리케이션

그림에서 힌트를 찾고 정답을 확인해 봐요.

지하철 애플리케이션으로 노선을 확인해 보자.

새로 산 제 애플 폰으로 찾아볼게요!

 영어로 'application'이라고 써요. '애플 폰'과 '애플리케이션'을 연결 지어 기억해 봐요!

10월 30일 — 비슷한 맞춤법

설거지를 돕다가 그릇을 깨뜨리는 ☐☐을 일으키고야 말았어.

사달 VS 사단

힌트

사달	사단
• 사고나 탈을 뜻하는 말이에요. • 비슷한 말은 '사고, 탈, 변고'랍니다.	• 사건의 단서나 일의 실마리를 뜻하는 말이에요. • 비슷한 말은 '단서, 실마리, 끄트머리'랍니다.

정답: 사달

기억 꿀팁: '사고나 탈'을 줄인 다음 부드럽게 발음한 단어가 '사달'이고, '사건의 단서'를 줄인 단어는 '사단'이라고 기억해 보세요!

3월 04 복수 표준어

성가시고 귀찮게 자꾸 거슬리거나
방해가 되는 것을 뜻하는
거치적거리다 걸리적거리다 는
두 단어 모두 바른 맞춤법이에요.

10월 29 바른 맞춤법

빨간색 바지에 ☐☐☐ 양말을 받쳐 신으니 멋쟁이가 된 기분이야.

파란색 VS 파랑색

 힌트
- 맑은 가을 하늘처럼 밝고 선명한 푸른색을 의미해요.
- 이와 같은 뜻을 지닌 단어는 '파랑'이에요.
- '파랑'이라는 단어는 그 자체로 색을 나타내요.
- 그래서 '파랑' 뒤에는 '색' 자를 붙일 필요가 없답니다.

정답: 파란색

 함께 알기

숯이나 먹의 빛깔처럼 어둡고 짙은 색을 '검은색'이라고 해요. '검정색'이라고 하지 않는 이유는 '검정'이라는 단어 자체가 색을 나타내기 때문이에요. 노랑/노란색, 빨강/빨간색도 마찬가지랍니다.

3월 05 · 바른 맞춤법

국물은 조금만, 대신 두부랑 호박 같은 ☐☐☐는 많이 주세요!

건데기 VS 건더기

 **힌트**
- 국이나 찌개처럼 국물이 있는 음식에서 국물을 뺀 나머지를 의미하는 말이에요.
- 액체에 섞여 있는, 녹지 않거나 풀리지 않은 덩어리를 뜻하기도 하지요.
- 이것을 '건지'라고 하기도 해요.
- [건더기]라고 발음하고 소리 나는 대로 쓴답니다.

정답 - 건더기

 **함께 알기**
'덤테기, 무데기, 구데기, 누데기'는 모두 틀린 맞춤법이에요. '덤터기, 무더기, 구더기, 누더기'로 바르게 써주세요.

10월 28

복수 표준어

태권도에서 공격과 방어의
기본 기술을 연결한 동작을 뜻하는
품새 품세 는
두 단어 모두 바른 맞춤법이에요.

3월 06 — 비슷한 맞춤법

아침에는 날씨가 흐렸는데 오후가 되니 구름이 □□ 맑아졌어.

거쳐 VS 걷혀

 힌트

거치다	걷히다
• 오가는 도중에 어딘가를 지나거나 들른다는 뜻이에요. • 비슷한 말은 '지나다'예요.	• 구름이나 안개가 흩어져 없어짐을 뜻하는 말이에요. • 비슷한 말은 '개다'랍니다.

정답 : 걷혀

 **함께 알기**

'걷히다'는 [거치다]로 발음되지만 '걷히다'로 써야 해요. '굳히다'가 [구치다]로 발음되지만 '굳히다'로 쓰는 것처럼 말이에요.

10월 27일

외래어

커피, 음료, 간단한 음식 등을 파는 가게를 뜻하는 올바른 외래어 표기는?

까페 VS 카페

그림에서 힌트를 찾고 정답을 확인해 봐요.

 영어로 'cafe'라고 써요. 카페에서는 커피를 파니까 카페로 기억해 봐요!

3월 07 사자성어

할아버지가 일찍 돌아가셔서 할머니는 □□□□으로 아빠를 키우셨대.

혈혈단신 VS 홀홀단신

힌트

- 배우자나 형제가 없어 외로워도 기대지 못하는 사람을 뜻하는 말이에요.
- '혈혈'은 기댈 곳 없이 외롭다는 의미예요.
- '홀홀'은 먼지나 작은 부스러기를 가볍게 떠는 모양을 나타내는 말이에요.
- '단신'은 배우자나 형제가 없는 사람을 뜻하는 말이랍니다.
- 한자로는 孑孑單身(외로울 혈 / 외로울 혈 / 홑 단 / 몸 신)이라고 쓴답니다.

정답 : 혈혈단신

함께 알기

'혈혈단신'과 비슷한 말은 '사고무친'이에요. 사방을 둘러봐도 의지할 사람이 아무도 없다는 뜻이지요. 이 말들이 너무 어렵다면 '외톨이'라고 표현해도 좋아요.

10월 26 비슷한 맞춤법

묘지 앞을 지나다가 빛을 ☐☐☐ 도깨비불을 보고 깜짝 놀랐어.

발하는 VS 바라는

 힌트

발하다	바라다
• 꽃이 핀다는 뜻이에요. • 빛, 기운, 냄새, 소리, 감정이 일어날 때도 쓸 수 있어요.	• 어떤 일이 이루어졌으면 좋겠다고 기대한다는 뜻이에요. • 원하는 것을 얻고 싶다고 생각할 때도 쓸 수 있답니다.

정답: 발하는

 함께 알기

'빛을 발하다'는 빛이 일어날 때 쓰는 말이지만, 제 능력이나 값어치를 드러냈을 때 사용하기도 해요. '열심히 연습한 춤 실력이 무대 위에서 빛을 발했어'처럼 말이에요.

3월 08 바른 맞춤법

☐☐☐에 목욕탕에 갔더니 때가 엄청나게 많이 나왔지 뭐야!

오랜만 VS 오랫만

 힌트
- '어떤 일이 있었던 때로부터 긴 시간이 지난 뒤'라는 뜻이에요.
- '오랜만'은 '오래간만'이 줄어든 말이에요.
- '오랫동안'은 '매우 긴 시간 동안'이라는 뜻이에요.
- '오랫동안'은 줄여 쓸 수 없답니다.

정답: 오랜만에

 **기억 꿀팁**
'오래간만'에서 '가'가 빠져 '오랜만'이 되었다는 사실을 기억하면 '오랫만'이라고 잘못 쓰는 일은 없겠지요?

10월 25일 — 바른 맞춤법

머리카락을 기부하면 가발 만들 때 ☐☐☐☐ 사용된대.

요긴하게 VS 요기나게

 **힌트**
- 꼭 필요하고 중요하다는 말이에요.
- 이와 같은 뜻을 지닌 단어는 '긴요하다'예요.
- '꼭 필요하고 중요하게'라는 뜻을 더하고 싶을 때는 '요긴히'라는 단어를 써요.
- 이것은 요긴할 요(要), 긴할 긴(緊) 자를 쓰는 한자어랍니다.

 **기억 꿀팁**

'요긴하다'를 뒤집으면 '긴요하다'가 돼요. 만일 '요기나다'가 바른말이라면 '기요나다'라는 말도 있어야 할 거예요. 하지만 이런 말은 존재하지 않는답니다. '요긴하다'와 '요기나다'가 자꾸만 헷갈린다면 뒤집어서 말해 보세요!

3월 09 — 비슷한 맞춤법

방문을 ☐☐☐ 닫고 들어가
자꾸 흐르는 눈물을 ☐☐☐ 참았어.

지그시 VS **지긋이**

힌트

지그시	지긋이
• 슬며시 힘을 주는 모습을 나타내는 말이에요. • 조용히 견디는 모습을 나타내기도 해요.	• 다른 사람에 비해 나이가 많아 듬직한 모습을 의미하는 말이에요. • 느긋하고 참을성 있는 모습을 나타내기도 한답니다.

정답 - 지그시

기억 꿀팁

'지그시'는 살짝 찡그린 표정과 어울리는 말이에요. '그'의 'ㅡ'가 '-_-' 이모티콘과 닮았네요. 반면 '지긋이'는 은은하게 미소짓는 표정과 어울리는 말이지요. '긋'의 'ㅅ'이 '^^' 이모티콘과 닮지 않았나요?

10월 24 사자성어

초콜릿과 김치를 넣은 □□□□한 샌드위치를 만들었는데 왜 아무도 먹으려 하지 않을까?

유일무일 VS 유일무이

 **힌트**
- 오직 하나만 있고 둘은 없다는 의미예요.
- '유일'은 오직 하나밖에 없다는 말이에요.
- '무일'은 게으름을 부리지 않는다는 뜻이지요.
- '무이'는 오직 하나뿐이고 둘 이상은 없음을 뜻해요.
- 한자로는 唯一無二(오직 유 / 한 일 / 없을 무 / 두 이)라고 쓴답니다.

정답: 유일무이

 **함께 알기**

'유일무이'와 비슷한 말은 '독일무이'예요. 이 단어들이 어렵게 느껴진다면 '둘도 없다'는 쉬운 말을 사용해도 좋아요.

3월 10 | **외래어**

겉껍질이 단단하고 속은 부드러운 긴 막대기 모양의 빵을 나타내는 올바른 외래어 표기는?

바게트 VS 바게뜨

그림에서 힌트를 찾고 정답을 확인해 봐요.

 프랑스어로 'baguette'라고 써요. 바게트는 다른 빵보다 칼로리가 낮대요. '다이어트 에는 바게트'라는 문장으로 기억해 봐요!

10월 23일 — 비슷한 맞춤법

할머니네 집 마당의 은행나무가 □□을 맞아 두 쪽으로 갈라졌대.

번개 **VS** **벼락**

 힌트

번개	벼락
• 공중에서 전기 입자들이 부딪쳐 순간적으로 일어난 불꽃을 말해요. • 동작이 아주 빠른 사람이나 사물을 빗대어 나타내는 말이기도 해요.	• 번개가 땅에 닿는 현상을 가리키는 말이에요. • 몹시 심하게 하는 꾸지람이나 나무람을 빗대어 나타낼 때도 쓰인답니다.

정답: 벼락

 **기억 꿀팁**

'자다가 벼락 맞는다'는 말을 들어본 적 있나요? 뜻하지 않은 큰 봉변을 급작스럽게 당한 상황을 나타내는 속담이지요. 이것을 '자다가 번개 맞는다'라고 표현하지는 않아요. 번개는 공중에서만 치니 맞으려야 맞을 수 없으니까요.

3월 11 — 복수 표준어

가지고 있던 물건 등을 빠뜨려 흘리거나 아래로 내려가게 한다는 뜻의 떨어뜨리다 떨어트리다 는 두 단어 모두 바른 맞춤법이에요.

10월 22일 — 바른 맞춤법

동생이 나를 "야!"라고 불러서 ☐☐☐ 호칭을 쓰라고 주의를 줬어.

옳바른 VS 올바른

힌트
- 말이나 생각, 행동이 옳고 바르다는 뜻을 지니고 있어요.
- 이 단어는 '옳다'와 '바르다'가 합쳐진 말이 아니에요.
- 이 단어는 '올이 바르다'에서 비롯된 말로 '올'은 실이나 줄의 가닥을 뜻해요.
- 북한에서는 '옳바르다'가 표준어이지만 우리나라에서는 그렇지 않답니다.

정답: 올바른 - 글누리

함께 알기
정신이나 마음이 바르고 곱다고 말할 때는 '올곧다'라는 단어를 사용해요. 이 단어는 '올이 곧다'에서 비롯된 말이에요. 그러니 '옳곧다'라고 써서는 안 되겠지요?

3월 12 | **바른 맞춤법**

나더러 들으라는 듯 동생이 ☐☐☐ 크게 투덜거렸지만 나는 ☐☐☐ 못 들은 척했어.

일부로 VS 일부러

힌트
- '어떤 목적이나 생각을 가지고'라는 뜻이에요.
- '알면서도 마음을 숨기고'라는 뜻을 지니고 있기도 해요.
- 이와 비슷한 말은 '부러'예요.
- [일부러]라고 발음하고 소리 나는 대로 쓴답니다.

정답: 일부러

함께 알기
'조심하지 않고 마음 내키는 대로 마구'라는 뜻을 지닌 단어는 '함부로'예요. '일부러'가 바른 말이라 '함부러'라고 잘못 쓰기 쉬우니, 이번 기회에 눈여겨보면 좋겠죠?

10월 21일

복수 표준어

세상일이 돌아가는 형편에 대해
바른 생각이나 판단을 할 수 있는
힘을 낮추어 말하는
철딱서니 철따구니 는
두 단어 모두 바른 맞춤법이에요.

3월 13일 — 비슷한 맞춤법

피아노 실력을 ☐☐☐☐ 매일 꾸준히 연습해야 해.

늘이려면 VS 늘리려면

힌트

늘이다	늘리다
• 길이를 원래보다 길어지게 할 때 쓸 수 있는 말이에요. • 반대말은 '줄이다'예요.	• 넓이나 부피를 원래보다 커지게 할 때 쓰는 말이에요. • 무게, 실력, 시간 등을 더할 때도 사용할 수 있답니다.

정답: '늘리려면'

기억 꿀팁: '길이'는 늘이고 '길이를 뺀 나머지'는 모두 늘린다고 기억해 보세요!

10월 20 | 외래어

응원하는 사람이 격려할 때 말하는 올바른 외래어 표기는?

파이팅 VS 화이팅

그림에서 힌트를 찾고 정답을 확인해 봐요.

 영어로 'fighting'이라고 써요. 누군가를 좋아하면 응원을 하게 돼요. 저는 가수 에스파를 좋아한답니다. '에스파 파이팅!'

3월 14 사자성어

새하얀 생크림 케이크 위에 ☐☐☐☐으로 빨간 체리를 올렸어.

화룡점정 VS 화룡정점

힌트
- 용을 그리고 마지막으로 눈동자를 찍었더니 용이 하늘로 올라갔다는 옛이야기에서 유래한 말로, 가장 중요한 부분을 완성한다는 뜻이에요.
- '화룡'은 그림 속의 용을 말해요.
- '점정'은 눈동자를 맨 마지막에 그려 넣는 행동을 뜻해요.
- '정점'은 맨 꼭대기가 되는 곳을 뜻하는 말이랍니다.
- 한자로는 畫龍點睛(그림 화 / 용 룡 / 점 점 / 눈동자 정)이라고 쓴답니다.

정답 - 화룡점정

함께 알기 '화룡점정'과 반대의 뜻을 지닌 속담은 '다 된 밥에 재 뿌리기'랍니다.

10월 19일 — 비슷한 맞춤법

의자에 ☐☐☐ 넘어지는 바람에 바지가 찢어졌지 뭐야.

안다가 VS 앉다가

힌트

안다	앉다
• 두 팔로 두르거나 가슴에 대거나 품을 때 사용하는 말이에요. • 책임을 안거나, 꿈을 안거나, 영광을 안을 수도 있어요.	• 윗몸을 바로 한 채 하반신을 바닥에 붙일 때 사용하는 말이에요. • 나비가 꽃에 앉거나, 어떠한 직위에 앉기도 한답니다.

정답: 앉다가

함께 알기 의자에 앉아서 등을 곧게 세웠을 때, 엉덩이 끝에서 머리끝까지의 높이를 '앉은키'라고 해요. [안즌키]라고 발음하지요. 이 사실을 기억해 둔다면 '앉다'의 받침이 'ㄵ'이라는 사실을 쉽게 떠올릴 수 있겠지요?

3월 15일 — 바른 맞춤법

선크림도 안 바른 □□□이라 모자를 써야 해.

민얼굴 VS 맨얼굴

 **힌트**
- 꾸미지 않은 얼굴이라는 뜻을 지니고 있어요.
- 단어 앞에 '민-'이 붙으면 '꾸미거나 딸린 것이 없음'이라는 의미가 더해져요.
- 아무 무늬나 꾸밈새 없는 돗자리를 '민돗자리'라고 해요.
- 전혀 꾸미지 않은 물건은 '민짜'라고 한답니다.

정답: 민얼굴

 **기억 꿀팁**
화장하지 않은 얼굴을 '민낯'이라고도 해요. '민얼굴=민낯' 모두 '민-'자가 들어간다는 사실!

10월 18 바른 맞춤법

먹다 남은 치킨을 깜빡하고 냉장고에 넣지 않아서 ☐☐ 말았어.

썪고 VS 썩고

힌트
- 음식, 고기, 물 등이 균의 작용으로 악취가 생기거나 상한다는 뜻이에요.
- 걱정이나 근심으로 몹시 괴롭다는 의미도 있어요.
- 이와 비슷한 말은 '상하다'예요.
- 상한 물건을 '썩정이'라고 한답니다.

정답: 썩고

기억 꿀팁
'썩다'는 '썩어, 썩어서, 썩으니'로 활용하고 '[써거], [써거서], [써그니]'로 발음해요. 단어를 다양하게 발음해 보면 어떤 받침을 쓰는지 쉽게 알 수 있답니다.

3월 16일 — 비슷한 맞춤법

컵에 우유를 ☐☐☐ 식탁 위에 쏟아버리고 말았어.

붓다가  **붓다가**

힌트

붇다	붓다
• 물에 젖어서 부피가 커지거나, 수나 양이 많아졌을 때 사용하는 말이에요.	• 액체나 가루를 다른 곳에 담거나, 살갗이 부풀었을 때 사용하는 말이에요.
• '붇고, 붇는, 붇지, 불은, 불어, 불으면' 등으로 활용한답니다.	• '붓고, 붓는, 붓지, 부은, 부어, 부으면' 등으로 활용하지요.

정답: 붓다가

기억 꿀팁: 물에 젖어 부피가 커지거나 양이 많아지면 뚱뚱하게 퍼져요. 옆으로 퍼진 모양이 '붇다'의 'ㄷ'과 닮았네요. 액체나 가루를 다른 곳에 담거나, 살갗이 부풀면 표면이 살짝 솟아올라요. 솟아오른 모양이 '붓다'의 'ㅅ'과 닮았지요?

10월 17 · **사자성어**

어른이 되면 ☐☐☐☐을 돌아다니는 여행 유튜버가 되고 싶어.

방방곡곡 VS 방방곳곳

 **힌트**
- 한 군데도 빠짐이 없는 모든 곳을 의미하는 말이에요.
- '방방'이라는 글자는 여러 마을이라는 뜻이에요.
- '곡곡'은 굴곡이 많은 산천이나 길의 굽이굽이 또는 한 군데도 빠짐없는 모든 곳을 뜻해요.
- '곳곳'은 여러 곳 또는 이곳저곳이라는 말이에요.
- 한자로는 坊坊曲曲(동네 방 / 동네 방 / 굽을 곡 / 굽을 곡)이라고 쓴답니다.

정답: ˚방방곡곡˚

 **함께 알기**
'방방곡곡'과 같은 뜻을 지닌 단어는 '면면촌촌'이에요. 전국 방방곡곡을 두루 돌아다님을 속담으로 나타내고 싶다면 '팔도를 무른 메주 밟듯'이라고 표현해 보세요.

3월 17 외래어

밀가루에 설탕, 버터, 우유를 섞어서 구운 과자를 뜻하는 올바른 외래어 표기는?

비스킷 VS 비스켓

그림에서 힌트를 찾고 정답을 확인해 봐요.

내가 직접 만든 비스킷이야. 귀엽지?

킷캣보다 더 맛있어!

 영어로 'biscuit'이라고 써요. '내가 만든 비스킷은 킷캣보다 맛있어'라는 문장으로 기억해 봐요!

10월 16일 — 비슷한 맞춤법

우리 집 앞 골목길은 □□가 좁아서 한 명씩 걸어가야 해.

너비  넓이

힌트

너비	넓이
• 평면이나 넓은 물체의 가로를 잰 길이를 뜻해요. • '너비'는 자로 잴 수 있어요.	• 일정한 평면에 걸쳐 있는 공간의 크기를 뜻해요. • 너비를 이용해 계산한 것을 넓이라고 해요.

정답: 너비

기억 꿀팁

양어깨 사이의 거리를 '어깨너비'라고 해요. 이 단어를 기억해 둔다면 '너비'가 '가로를 잰 길이'를 뜻한다는 사실을 쉽게 떠올릴 수 있을 거예요!

3월 18일 — 복수 표준어

일이 너무 뜻밖이어서 기가 막힘을 뜻하는
어이없다 어처구니없다 는
두 단어 모두 바른 맞춤법이에요.

10월 15 / 바른 맞춤법

멀쩡한 이름 대신 자꾸 이상한 별명으로 부르는 건 엄연한 명예 ☐☐이야!

훼손 VS 회손

 **힌트**
- 체면이나 명예를 떨어뜨린다는 의미를 지니고 있어요.
- 무언가를 헐거나 깨뜨려 못 쓰게 만든다는 뜻도 있지요.
- 한자로는 毁損(헐 훼 / 덜 손)이라고 써요.
- [훼손]이라고 발음하고 소리 나는 대로 쓴답니다.

정답: 훼손

 **함께 알기**
헐 훼(毁) 자를 쓰는 또 다른 단어로는 '훼방'이 있어요. 남을 헐뜯거나, 남의 일을 방해할 때 쓰는 말이랍니다.

바른 맞춤법

3월 19일

☐☐☐에 놀러 갔었던 놀이공원에 다시 한번 가보고 싶어.

재작년 VS 제작년

 **힌트**

- 지난해의 바로 전해를 뜻하는 말이에요.
- 단어 앞에 '재-'가 붙으면 '두 번째'라는 뜻이 더해져요.
- 숫자 앞에 '제-'가 붙으면 '그 숫자에 해당하는 차례'라는 뜻이 더해지지요.
- '작년'은 숫자가 아니기 때문에 앞에 '제-'를 붙일 수 없답니다.

정답: 재작년

 **함께 알기**

지나간 해와 다가올 해를 나타내는 단어를 알아볼까요?

2년 전	1년 전	이번 해	1년 후	2년 후
재작년	작년	올해	내년	후년

10월 14일

복수 표준어

고기와 채소를 넣어 볶은
중국 된장(춘장)에 비벼 먹는 국수인
자장면 **짜장면** 은
두 단어 모두 바른 맞춤법이에요.

3월 20 · 비슷한 맞춤법

날씨가 쌀쌀하다는 엄마의 말에 내복을 □□ 입었더니 더워 죽겠어.

바쳐 VS **받쳐**

힌트

바치다	받치다
• 신이나 웃어른에게 무언가를 정중하게 드린다는 뜻이에요. • 무언가를 이루기 위해 모든 것을 아낌없이 내놓을 때도 쓸 수 있지요.	• 물건 밑이나 옆에 다른 물체를 댄다는 뜻이 있어요. • 어떤 일을 잘할 수 있도록 뒷받침해 줄 때도 사용하지요.

정답: 받쳐

기억 꿀팁: 글씨를 쓸 때 아래 장에 자국이 나지 않도록 종이 밑에 받치는 판판한 물건을 '책받침'이라고 해요. '책받침을 받쳤다'라는 문장을 기억해 둔다면 '받치다'의 받침을 기억하는 데 도움이 되겠지요?

10월 13 외래어

얼굴이나 몸에 묻은 물기를 닦기 위해 보풀보풀하게 짠 천을 뜻하는 올바른 외래어 표기는?

타올 VS 타월

그림에서 힌트를 찾고 정답을 확인해 봐요.

 영어로 'towel'이라고 써요. '타월을 매월 삶아요'라는 문장으로 기억해 봐요!

3월 21일 — **사자성어**

동생과 힘을 합쳐 장난감 정리를 ☐☐☐☐로 진행했어.

일사철리 VS 일사천리

 **힌트**
- 한 번에 쏟아진 강물이 천 리를 간다는 뜻으로, 일이 거침없이 빨리 진행된다는 뜻이에요.
- '일사'라는 글자는 한 번에 쏟아진다는 뜻을 지니고 있어요.
- '철리'는 아주 깊고 오묘한 이치를 뜻하는 말이에요.
- '천리'는 백 리의 열 곱절이라는 뜻으로, 매우 먼 거리를 나타내는 말이랍니다.
- 한자로는 一瀉千里(한 일 / 쏟을 사 / 일천 천 / 마을 리)라고 쓴답니다.

정답: 일사천리

 **함께 알기**
'일사천리'와 비슷한 말은 '구천직하'예요. 하늘에서 땅을 향하여 일직선으로 떨어진다는 뜻으로, 어떤 일이 막힘없이 빨리 진행됨을 나타내는 말이랍니다.

10월 12일 — 비슷한 맞춤법

키가 130cm ☐☐이어야 탈 수 있는
이 놀이기구를 이제는 탈 수 있어.
내 키가 딱 130cm거든!

이상 VS **초과**

힌트

이상	초과
• 수량이나 정도가 일정한 기준을 넘어설 때 사용해요.	• 역시 수량이나 정도가 일정한 기준을 넘어설 때 사용해요.
• 앞서 말한 수량을 포함하면서 그 위인 경우를 가리켜요.	• 앞서 말한 수량을 포함하지 않으면서 그 위인 경우를 가리켜요.

정답: 이상

함께 알기: '이상'의 반대말은 '이하', '초과'의 반대말은 '미만'이라는 사실도 함께 알아두세요!

3월 22일 — 바른 맞춤법

산길에서 짐승의 ☐☐☐을 발견한 나는, 겁이 나서 몇 ☐☐☐ 물러났어.

발자국 VS 발자욱

 **힌트**
- 발로 밟은 자리에 남은 모양을 의미하는 말이에요.
- 발을 한 번 떼어놓는 걸음을 셀 때도 쓸 수 있어요.
- 처음 내딛는 발을 '첫발자국'이라고 해요.
- '발자욱'은 시나 노래에서 사용하기도 하지만 일상에서는 허용되지 않는답니다.

정답: 발자국

 **기억 꿀팁**
손자국, 빗자국, 땀자국, 바큇자국, 손톱자국. 모두 다 '국'으로 끝나니 '발자국'이 맞겠지요?

10월 11 | **바른 맞춤법**

아빠랑 늦게까지 텔레비전을 보려면 엄마의 □□을 받아야 해.

승낙 VS 승락

 **힌트**
- 부탁하는 일을 들어준다는 뜻이에요.
- 이와 비슷한 말은 '허락'이지요.
- 한자로는 承諾(이을 승 / 허락할 낙)이라고 써요.
- [승낙]이라고 발음하고 소리 나는 대로 쓴답니다.

정답: 승낙

 **함께 알기**
'허락'도 허락할 낙(諾) 자를 써요. 원래대로라면 '허낙'이 맞는 말이겠지만, 발음하기 더 편한 '허락'이 표준어가 되었답니다.

3월 23 비슷한 맞춤법

책상 위에 산더미처럼 ☐☐ 문제집을 보자 한숨이 절로 나왔어.

싸인 VS **쌓인**

힌트

싸이다	쌓이다
• 물건이 보이지 않게 씌워져 있거나, 어떤 분위기에 푹 빠져 있을 때 사용하는 말이에요. • 비슷한 말은 '뒤덮이다'예요.	• 물건이 여러 개 겹쳐 있거나, 일이나 감정이 한꺼번에 몰릴 때 사용하는 말이에요. • 비슷한 말은 '포개지다, 누적되다'랍니다.

정답 - 쌓인

기억 꿀팁: '쌓이다'의 '쌓' 자는 자음과 모음이 겹겹이 포개져 있어요. 그러니까 '쌓이다'는 글자 모양 그대로 물건이 포개져 있을 때 쓸 수 있는 말이라고 기억하면 쉽지요?

10월 10 | **사자성어**

명절이 다가오면 ☐☐☐☐ 하려는 사람들로 목욕탕이 붐비는 편이야.

목욕재계 VS 목욕재개

 **힌트**
- 불길한 일을 피하기 위해 깨끗이 목욕하고 몸가짐을 가다듬는 일을 뜻해요.
- '목욕'은 머리를 감으며 온몸을 씻는 일이에요.
- '재계'는 몸과 마음을 깨끗이 하고 불길한 일을 멀리하는 것을 뜻해요.
- '재개'는 한동안 멈췄던 일을 다시 시작한다는 뜻이랍니다.
- 한자로는 沐浴齋戒(머리 감을 목 / 목욕할 욕 / 재계할 재 / 경계할 계)라고 쓴답니다.

정답 - 목욕재계

 **함께 알기**
중국 삼국 시대, 유비는 제갈량을 자신의 사람으로 만들기 위해 찾아갔지만 번번이 실패했어요. 그런데 세 번째에는 목욕재계까지 하고 방문하여 결국 뜻을 이루었죠. 능력 있는 사람을 맞아들이기 위해 참을성 있게 노력한다는 말인 '삼고초려'는 이 이야기에서 나왔답니다.

3월 24

외래어

쌓아 올리도록 만든 장난감을 나타내는 올바른 외래어 표기는?

블럭 VS **블록**

그림에서 힌트를 찾고 정답을 확인해 봐요.

이 블록을 어디다 두면 좋을까?

저쪽에 놓으면 딱 맞겠다!

 영어로 'block'이라고 써요. 블록의 색은 다양해요. '알록달록한 블록'이라는 문장으로 기억해 봐요!

10월 09 비슷한 맞춤법

무슨 바람이 불었는지, 동생이 방문에 '☐☐ 출입 금지'라고 써 붙였어.

일체  **일절**

일체	일절
• 모든 것이라는 뜻이에요. • 비슷한 말은 '전체'예요.	• 어떤 행동을 그치게 하거나 어떤 일을 하지 않을 때 쓰는 말이에요. • 비슷한 말은 '절대'랍니다.

정답 - 일절

 **기억 꿀팁**

'일체=전체'라고 생각하고 '일절=절대'라고 생각한다면 두 단어가 헷갈리지 않겠지요?

감정이나 기운이 세차게 치밀어 오른다는 뜻의 복받치다 북받치다 는 두 단어 모두 바른 맞춤법이에요.

10월 08 바른 맞춤법

언니의 치마가 □□□□고 해서 나한테 물려달라고 했어.

짤막하다 VS 짧막하다

힌트
- 무언가가 조금 짧은 듯하다는 뜻이 있어요.
- 이와 비슷한 말은 '짧다'예요.
- 이 단어는 '짧다'에서 온 말이지만 '짧' 자를 사용하지는 않아요.
- 왜냐하면 [짤마카다]로 발음하기 때문에 소리 대로 '짤' 자를 쓴답니다.

정답: 짤막하다

함께 알기
'널따랗다'도 '넓다'에서 온 말이지만 '넓' 자를 사용하지 않아요. [널따라타]라고 발음하기 때문에 소리 대로 '널' 자를 쓴답니다.

3월 26 바른 맞춤법

난 먹는 거라면 다 좋지만 그중에서도 ☐☐를 제일 좋아해.

찌개 VS 찌게

힌트

- 국물을 적게 넣은 냄비에 각종 재료를 넣고 갖은 양념을 해 끓인 음식이에요.
- 잠잘 때 베는 물건은 '베개', 글씨를 지우는 물건은 '지우개'라고 하지요.
- 단어 뒤에 '-개'가 붙으면 '그러한 행위를 하는 간단한 도구'라는 뜻이 더해져요.
- 이 단어는 '찌다'라는 단어 뒤에 '-개'가 붙어 만들어진 말이랍니다.

정답: 찌개

기억 꿀팁

여러분은 어떤 찌개를 좋아하나요? 저는 조갯살을 넣어 만든 조개찌개를 가장 좋아한답니다. '맛있는 조개찌개'라는 문장으로 기억해 볼까요!

10월 07

복수 표준어

우리나라에서 널리 길러온,
털이 복슬복슬한 토종개를 말하는
삽살개 삽사리 는
두 단어 모두 바른 맞춤법이에요.

3월 27일 — 비슷한 맞춤법

가마솥에 옥수수를 ☐☐☐ 얼마 지나지 않아 구수한 냄새가 풍겨왔어.

앉히고 VS **안치고**

힌트

앉히다	안치다
• 누군가를 어딘가에 앉게 한다는 뜻이에요. • '앉다'에 다른 사람에게 동작을 하게 만든다는 뜻을 더하는 '-히-'가 붙은 말이지요.	• 찌거나 끓일 음식 재료를 냄비에 넣어 불 위에 올린다는 뜻이에요. • 주로 음식을 조리할 때 사용한답니다.

정답: 안치고

기억 꿀팁: '앉히다'가 '앉다'에서 온 말이라고 생각한다면 음식을 만드는 상황에서 쓰는 일은 없겠지요? 옥수수를 가마솥에 앉게 할 수는 없잖아요?

10월 06 — 외래어

자기가 남들보다 뒤떨어지거나 능력이 없다고 생각하는 감정을 뜻하는 올바른 외래어 표기는?

컴플렉스 VS 콤플렉스

그림에서 힌트를 찾고 정답을 확인해 봐요.

할아버지는 왜 맨날 모자를 쓰세요?

콤플렉스를 숨기기 위한 도구라고나 할까…? 에헴!

 영어로 'complex'라고 써요. 할아버지 모자의 비밀은 무엇일까요? 그림으로 기억해 봐요!

3월 28 — 사자성어

친구가 동네방네 내 비밀을 소문내고 다녀서 ☐☐☐☐했어.

절취부심 VS 절치부심

 **힌트**
- 몹시 분해 이를 갈며 속을 썩인다는 뜻으로, 너무 화가 나서 마음이 쓰릴 때 쓸 수 있는 말이에요.
- '절취'는 잘라 낸다는 뜻이에요.
- '절치'는 몹시 분해 이를 간다는 의미예요.
- '부심'은 근심이나 걱정으로 마음이 썩었다는 뜻이에요.
- 한자로는 切齒腐心(끊을 절 / 이 치 / 썩을 부 / 마음 심)이라고 쓴답니다.

정답: 절치부심

 **함께 알기**
'절치부심'의 반대말은 '환호작약'이에요. 환호하며 참새처럼 폴짝폴짝 뛴다는 뜻으로, 크게 소리를 지르고 뛰며 기뻐할 때 사용하는 말이랍니다.

10월 05 비슷한 맞춤법

아빠에게 "☐☐ 내일 뮤지컬 보러 가요, 네?" 하고 졸랐어.

우리 저희

우리	저희
• 나를 포함한 여러 사람을 가리킬 때 사용하는 말이에요. • '우리 동네'처럼 나와 친근한 무언가를 가리킬 때도 쓸 수 있지요.	• '우리'의 낮춤말로, 나와 내가 속한 무리를 낮추어 상대방을 높일 때 사용하는 말이에요. • 듣는 사람이 나와 같은 무리에 속해 있을 때는 낮춤말인 '저희'가 아닌 '우리'를 쓴답니다.

정답: 우리

 '저희 나라'라는 말은 쓰지 않아요. 자랑스러운 '우리나라'를 낮출 이유가 없기 때문이지요.

3월 29 바른 맞춤법

양말을 짝짝이로 신고 학교에 가서 ☐☐☐ 죽는 줄 알았어.

창피해 VS 챙피해

힌트
- 체면이 깎이거나 떳떳하지 못한 일을 당해 부끄러울 때 사용하는 말이에요.
- 이와 비슷한 말은 '부끄럽다, 무안하다, 수치스럽다'예요.
- 한자로는 猖披(미쳐 날뛸 창 / 헤칠 피)라고 써요.
- 옷고름이 풀어 헤쳐져 남 보기에 부끄러운 모습을 가리킨 것에서 유래되었대요.

정답: 창피해

기억 꿀팁
창피할 땐 아무도 없는 어디론가 숨고 싶어지지 않나요? '창피해 창고로 숨었다'는 문장으로 기억해 볼까요?

10월 04 바른 맞춤법

배가 너무 고파서 짜장면을 ☐☐☐로 주문했어.

곱배기 VS 곱빼기

 **힌트**
- 음식의 두 그릇 몫을 한 그릇에 담은 분량을 의미해요.
- 같은 일을 두 번 되풀이한다는 뜻도 있어요.
- 단어의 뒤에 '-빼기'가 붙으면 그런 특성이 있는 사람이나 물건이라는 뜻이 더해져요.
- [곱빼기]라고 발음하고 소리 나는 대로 쓴답니다.

정답: 곱빼기

 **기억 꿀팁**
곱빼기의 'ㅃ'을 짜장면 두 그릇을 하나로 합친 모양(ㅂ+ㅂ=ㅃ)이라고 기억해 봐요!

3월 30 비슷한 맞춤법

"난 동생을 지키는 임무를 ☐☐ 있어!"
고함치는 내 얼굴은
붉은빛을 ☐☐ 있었어.

띠고 VS 띄고

힌트

띠다	띄다
• 해야 할 일을 지니고 있음을 뜻하는 말이에요. • 빛깔, 감정, 성질이 바깥으로 드러날 때도 쓸 수 있어요.	• 눈에 보이거나, 눈에 두드러지게 드러나거나, 귀가 솔깃해질 때 사용하는 말이에요. • 눈이나 귀와 관련이 있답니다.

정답: 띠고

기억 꿀팁

눈이나 귀와 관련된 말을 하려 할 때는 '띄다'를 쓰면 돼요. 그렇지 않다면 '띠다'를 쓰면 되겠지요?

10월 03 사자성어

예방접종을 하러 온 동생과 나는 손을 꼭 잡고 ☐☐☐☐의 아픔을 나눴어.

동병상린 VS 동병상련

힌트
- 같은 병을 앓는 사람끼리 서로 가엾게 여긴다는 뜻으로, 어려운 처지에 있는 사람끼리 서로 동정한다는 말이에요.
- '동병'은 같은 병이라는 뜻이에요.
- '상린'이라는 글자는 서로 이웃한다는 의미가 있어요.
- '상련'은 서로 가엾게 여긴다는 뜻이에요.
- 한자로는 同病相憐(한가지 동 / 병 병 / 서로 상 / 불쌍히 여길 련)이라고 쓴답니다.

정답: 동병상련

함께 알기
'동병상련'과 비슷한 말은 '유유상종'이에요. 같은 무리끼리 서로 사귄다는 뜻이지요. 비슷한 속담은 '가재는 게 편'이랍니다.

3월 31 외래어

서류나 물건을 넣어 보관하는 장을 뜻하는 올바른 외래어 표기는?

캐비넷 VS 캐비닛

그림에서 힌트를 찾고 정답을 확인해 봐요.

"길쭉한 캐비닛 안에서 서류 좀 꺼내줄래?"

"네, 엄마!"

 영어로 'cabinet'이라고 써요. 'l'처럼 길쭉한 캐비닛, 모양으로 기억해 봐요!

10월 02 비슷한 맞춤법

방탄소년단은 노래 실력을 더욱 ☐☐하려고 매일 연습한대.

계발  **개발**

힌트

계발	개발
• 가지고 있는지 몰랐던 슬기나 재능을 일깨워 줄 때 사용하는 말이에요. • 비슷한 말은 '계몽'이에요.	• 새로운 물건이나 생각을 만들어 낼 때 사용해요. • 원래 지니고 있던 지식이나 재능, 자원을 발전하게 할 때도 쓸 수 있답니다.

정답: 계발

기억 꿀팁  깨우치는 것과 관련이 있으면 '계발'을 쓰고, 그렇지 않다면 '개발'을 쓴다고 기억해 보세요!

4월

· APRIL ·

10월 01 바른 맞춤법

아빠는 내가 엄마보다 아빠를 더 좋아한다고 ☐☐☐☐ 믿고 계셔.

철석같이 VS 철썩같이

 **힌트**
- 마음이나 의지, 약속이 쇠나 돌처럼 매우 굳고 단단하다는 뜻을 지니고 있어요.
- 이와 비슷한 말은 '단단히, 굳건히, 확고히'예요.
- 쇠 철(鐵), 돌 석(石) 자를 쓰는 한자어이지요.
- '철썩'은 많은 양의 액체가 단단한 물체에 마구 부딪히는 소리를 나타내는 말이랍니다.

정답: 철석같이

 **기억 꿀팁**

'철석같이'는 [철썩까치]로 발음하기 때문에 '철썩같이'로 잘못 쓰기 쉬워요. 하지만 '철썩'은 '철썩철썩 파도치는 소리가 들린다'처럼 소리를 나타낼 때만 쓰여요.

4월 01

복수 표준어

할아버지께 언제 도착하시는지 여쭤볼까?

할아버지는 핸드폰을 잘 확인 안 하셔서 할머니께 여쭙는 게 나아.

웃어른에게 공손하게 말하거나 질문한다는 뜻의 여쭈다 여쭙다 는 두 단어 모두 바른 맞춤법이에요.

10월

• OCTOBER •

4월 02 바른 맞춤법

"할머니, 또 놀러올게요! 다음 주말에 ☐☐!"

봬요 VS 뵈요

힌트
- '뵈다'는 웃어른을 마주하여 본다는 뜻이에요.
- '만나다'의 높임말이라고 생각하면 쉬워요.
- '먹다'를 '먹요'가 아닌 '먹어요'로 활용하는 것처럼, '뵈다'도 '뵈요'가 아닌 '뵈어요'로 활용해요.
- '뵈어요'가 줄어들면 '봬요'가 된답니다.

정답: 봬요

함께 알기
'봬요'는 바른 맞춤법이지만 웃어른에게 "내일 봬요"라고 말하기보다는 "내일 뵐게요"라고 말하면 더욱 좋아요.

9월 30일

복수 표준어

모나거나 튀지 않고 둥그스름하거나,
말이나 행동이 불분명함을 뜻하는
두루뭉술하다 두리뭉실하다 는
두 단어 모두 바른 맞춤법이에요.

4월 03 - 비슷한 맞춤법

지폐가 찢어지면 도로 □□ 은행에 가.
멀쩡한 지폐와 □□가며 붙이면 돼.

맞춰 VS 맞혀

힌트

맞추다	맞히다
• 떨어져 있는 것을 마주 닿게 한다는 말이에요. • 찢어진 조각을 맞추고, 서로의 입을 맞추고, 친구와 나의 답안지를 맞출 때 사용하지요.	• 목표로 삼은 것에 적중했을 때 사용하는 말이에요. • 시험의 정답을 맞히고, 엉덩이에 주사를 맞히고, 화분에 비를 맞힐 때 쓸 수 있어요.

정답: 맞춰

기억꿀팁: '맞히다'는 '맞다'에서 온 말이라 '-히-'를 지워도 어색하지 않아요. (주사를 맞히다→주사를 맞다) '-히-'를 지웠을 때 이상하게 느껴지면 '맞추다'로 고쳐 쓰세요. (퍼즐을 맞히다→퍼즐을 맞다X→퍼즐을 맞추다O)

9월 29 **외래어**

물이나 음료를 마시는 데 쓰는 길고 가는 대롱을 뜻하는 올바른 외래어 표기는?

스트로우 VS 스트로

그림에서 힌트를 찾고 정답을 확인해 봐요.

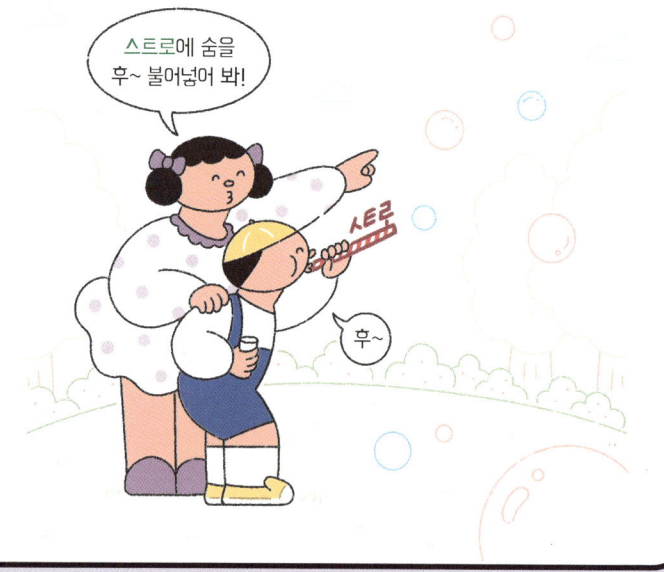

 영어로 'straw'라고 써요. 쭉 뻗어 있는 모양처럼 발음도 '스트로'하고 쭉 뻗어 나간다고 기억해 봐요!

4월 04

사자성어

친구들이 너를 흉봐도 나는 ☐☐☐☐하지 않을 거야.

부화뇌동 VS 부화내동

 **힌트**
- 천둥소리에 맞춰 세상 모든 것이 함께 울린다는 뜻으로, 아무 생각 없이 남의 의견에 따라 움직인다는 의미예요.
- '부화'는 아무 생각 없이 남의 의견에 따른다는 뜻이에요.
- '뇌동' 역시, 아무 생각 없이 남의 의견대로 움직인다는 뜻이지요.
- '내동'은 와서 함께 모인다는 뜻을 지니고 있어요.
- 한자로는 附和雷同(붙을 부 / 화할 화 / 우레 뇌 / 한가지 동)이라고 쓴답니다.

정답: 부화뇌동

 **함께 알기**
'부화뇌동'의 반대말은 '화이부동'이에요. 다른 사람과 사이좋게 지내기는 하지만 무턱대고 어울리지는 않는다는 뜻이랍니다.

9월 28

비슷한 맞춤법

머리에 새똥을 맞았는데 고약한 ☐☐ 때문에 온종일 속이 울렁거렸어.

내음 **냄새**

힌트

내음	냄새
• 코로 맡을 수 있는 향기로운 기운을 뜻하는 말이에요. • 나쁜 냄새를 말할 때는 내음이라는 단어가 어울리지 않아요.	• 코로 맡을 수 있는 온갖 기운을 뜻하는 말이에요. • 악취나 향기 모두 냄새라고 할 수 있답니다.

정답 - 냄새

 **함께 알기**

꽃이나 향수에서 나는 좋은 냄새는 '향기'라고 해요. '냄새'라고 해도 상관없지만 '향기'라는 단어를 사용해 표현하면 문장이 한결 풍부해질 거예요.

4월 05 　**바른 맞춤법**

나는 썰지 않고 ▢▢로 먹는 김밥이 더 맛있더라?

통채 VS 통째

 **힌트**
- 나누지 않은 한 덩어리 전부를 가리키는 말이에요.
- '그릇째, 뿌리째, 껍질째'처럼, 단어 뒤에 '-째'가 붙으면 '그대로'나 '전부'라는 뜻이 더해져요.
- '안채, 사랑채, 바깥채'처럼, 단어 뒤에 '-채'가 붙으면 '구분된 건물의 덩이'라는 뜻이 더해지지요.
- '있는 전부를 모조리'라는 뜻을 지닌 단어는 '송두리째'랍니다.

정답: 통째

 **함께 알기**
가르거나 쪼개지 않은 생긴 그대로의 상태를 뜻하는 '온새미'라는 순우리말도 함께 알아두면 좋아요. '통닭을 온새미로 포장해 왔다'처럼 쓸 수 있답니다.

9월 27 / 바른 맞춤법

고양이가 없어져서 한참을 찾았는데 □□ 속에서 자고 있었지 뭐야!

장롱 VS 장농

힌트
- 옷이나 이불을 넣어 두는 가구를 말해요.
- 장롱 장(欌), 대바구니 롱 / 농(籠) 자를 쓰는 한자어예요.
- '롱'이 단어의 처음에 올 때는 '농'으로 적지만 그렇지 않으면 '롱'으로 써요.
- [장농]이라고 발음하지만 맞춤법은 이와 다르답니다.

정답: 장롱

기억 꿀팁
촛불이 바람에 꺼지지 않도록 겉에 천을 씌운 등을 '초롱'이라고 해요. 초롱을 초농이라고 쓰지 않듯 장롱 역시 장농이라고 쓰면 안 되겠지요?

4월 06 비슷한 맞춤법

"우리 가족이 행복하길 ☐☐☐" 하고 소원을 빌었어.

바래요 VS 바라요

 힌트

바래다	바라다
• 볕이나 습기 때문에 물건의 색이 변했을 때 사용하는 말이에요. • 비슷한 말은 '변색하다'예요.	• 어떤 일이 이루어지면 좋겠다고 생각할 때 사용하는 말이에요. • 비슷한 말은 '기대하다'랍니다.

정답: 바라요

 함께 알기

어떤 일이 이루어지기를 기다리는 간절한 마음을 '바램'이라고 알고 있는 친구들이 많지만 '바람'이 옳은 말이에요. 왜냐하면 '바라다'에서 온 말이기 때문이지요.

9월 26 **사자성어**

내 동생은 엄마에게 혼이 나도 금세 잊고 ☐☐☐☐ 재미있게 놀아.

희희낙낙 VS 희희낙락

 **힌트**
- 매우 기뻐하고 즐거워할 때 쓸 수 있는 말이에요.
- '희희'라는 글자는 매우 기쁘다는 뜻을 지니고 있어요.
- '낙낙'은 조금 크거나 남는다는 뜻이에요.
- '낙락'은 매우 즐겁다는 뜻을 지니고 있답니다.
- 한자로는 喜喜樂樂(기쁠 희 / 기쁠 희 / 즐길 낙 / 즐길 락)이라고 쓴답니다.

정답 - 희희낙락

 **함께 알기**
'희희낙락'의 반대말은 '애통망극'이에요. 말로는 다 표현할 수 없을 만큼 슬프고 가슴이 아프다는 뜻이랍니다.

4월 07 외래어

물엿, 설탕, 우유 등을 섞은 뒤 졸여서 굳힌 네모난 사탕을 뜻하는 올바른 외래어 표기는?

캐러멜 VS 카라멜

그림에서 힌트를 찾고 정답을 확인해 봐요.

틀에 넣어 굳힌 다음 네모나게 자르면 완성!

저는 네모 말고 캐릭터 모양 캐러멜 먹고 싶어요!

영어로 'caramel'이라고 써요. '캐릭터 모양 캐러멜'이라는 문장으로 기억해 봐요!

9월 25일 — 비슷한 맞춤법

나는 이불을 머리끝까지 올려 ☐☐ 잠을 자야 마음이 편해.

덥고 VS **덮고**

힌트

덥다	덮다
• 온도가 높을 때 사용하는 말이에요.	• 물건이 보이지 않도록 넓은 천 등을 얹어서 씌울 때 사용하는 말이에요.
• 몸에서 땀이 날 만큼 체온이 높은 느낌이 들 때도 쓸 수 있어요.	• 뚜껑을 덮거나, 책을 덮거나, 실수를 덮을 수도 있답니다.

정답: 덮고

기억꿀팁: '덮다'의 뜻이 생각나지 않을 때는 오징어가 밥을 덮어버린 '오징어덮밥'을 떠올려 보세요. 오징어가 밥을 덮어[더퍼] 버렸으니 '덮다'의 받침이 'ㅍ'이라는 사실도 함께 떠올릴 수 있겠지요?

4월 08

복수 표준어

오늘의 바로 전날을 뜻하는
어저께 **어제** 는
두 단어 모두 바른 맞춤법이에요.

9월 24 바른 맞춤법

콜라를 마시면 꺼억하고 □□이 올라와.

트름 VS 트림

 힌트
- 먹은 음식이 잘 소화되지 않아 생긴 가스가 입으로 나오는 현상을 말해요.
- 이것을 거드름을 피우며 일부러 크게 힘주어 할 때는 '용트림'이라는 단어를 쓰지요.
- '트름'은 전라북도 지역에서 사용하는 방언이에요.
- [트림]이라고 발음하고 소리 나는 대로 쓴답니다.

정답: 트림

 기억 꿀팁

트림은 아래에서 위로 올라와요. '림' 자의 'ㅣ'가 아래에서 위로 뻗어 있으니 이와 연결해서 기억한다면 트름으로 잘못 쓰는 일이 없겠지요?

4월 09 바른 맞춤법

아빠가 엄마의 생신을 깜빡한 것 같아서 살짝 ☐☐ 해 드렸어.

귀띔 VS **귀뜸**

 **힌트**
- 상대편이 눈치챌 수 있도록 슬그머니 일러줄 때 사용하는 말이에요.
- '귀가 뜨이다'에서 온 말로 '뜨이다'는 귀가 솔깃해진다는 뜻이지요.
- [귀띰]이라고 발음해요.
- 상대편이 눈치챌 수 있도록 뒤에서 슬그머니 일러줄 때 쓸 수 있는 말은 '뒤띔'이랍니다.

정답: 귀띔

 **기억 꿀팁**
귀뜨임, 귀뜨임, 귀띔! 귀뜨임을 빨리 말하면 저절로 '귀띔'이라는 단어가 만들어진답니다.

9월 23

복수 표준어

생긴 모양이 아름다워 보기 좋다는 뜻의
예쁘다 이쁘다 는
두 단어 모두 바른 맞춤법이에요.

4월 10 비슷한 맞춤법

장난꾸러기 친구가 내 등에 '바보'라고 쓴 메모지를 ☐☐ 놓았어.

붙여 VS 부쳐

 힌트

붙이다	부치다
• 딱 맞닿아 떨어지지 않게 한다는 뜻을 지닌 '붙다'에서 비롯된 말이에요. • 그래서 '붙다'의 의미를 나타내고 싶을 땐 '붙이다'를 써요.	• '붙다'에서 비롯된 말이지만 그 뜻이 남아 있지는 않아요. • 그래서 '붙다'의 의미가 없는 상황에서는 '부치다'를 쓴답니다.

정답: 붙여

 함께 알기

'부치다'에는 많은 뜻이 있어요. 전을 부칠 수도 있고, 부채를 부칠 수도 있고, 친구와 나눈 이야기를 비밀에 부칠 수도 있지요. 사실 '붙이다'에도 엄청나게 많은 뜻이 있어요. 이번 기회에 사전을 살펴볼까요?

9월 22 — 외래어

쉽게 녹이 슬지 않는 강철을 뜻하는 올바른 외래어 표기는?

스테인리스 VS 스테인레스

그림에서 힌트를 찾고 정답을 확인해 봐요.

- 혹시 거울 있니?
- 반짝거리는 스테인리스 숟가락에 얼굴을 비춰 봐.

💡 영어로 'stainless'라고 써요. '반짝거리는 스테인리스'라는 문장으로 기억해 봐요!

4월 11일 사자성어

내가 반장을 좋아한다는 ☐☐☐☐한 소문을 도대체 누가 퍼뜨렸어?

황당무계 VS 황당무개

 **힌트**
- 말이나 행동이 진실하지 않고 근거가 없다는 의미를 지니고 있어요.
- '황당'은 말이나 행동이 진실하지 않고 근거가 없다는 뜻이에요.
- '무계'는 근거가 없다는 뜻이에요.
- '무개'는 지붕이나 뚜껑이 없다는 뜻이랍니다.
- 한자로는 荒唐無稽(거칠 황 / 당황할 당 / 없을 무 / 헤아릴 계)라고 쓴답니다.

정답 - 황당무계

 **함께 알기**
'황당무계'와 비슷한 말은 '허무맹랑'이에요. 근거 없이 거짓되어 실속이 없다는 뜻이랍니다.

9월 21

비슷한 맞춤법

시장에서 비닐□□ 대신 장바구니를 사용하면 환경을 보호할 수 있어.

봉투 **봉지**

봉투	봉지
• 편지나 서류를 넣기 위해 종이로 만든 주머니를 말해요.	• 종이나 비닐로 물건을 넣을 수 있게 만든 주머니를 말해요.
• '봉투'에는 중요한 물건을 담는다고 생각하면 쉬워요.	• '봉지'에는 자질구레한 물건을 담는 경우가 많고 주로 일회용으로 쓰인답니다.

정답 : 봉지

쓰레기를 담아서 버리는 비닐봉지는 '쓰레기봉투'라고 해요. '쓰레기봉지'가 맞는 말 같지만 많은 사람들이 '쓰레기봉투'라고 말해서 이것이 표준어로 인정되었답니다.

4월 12 — 바른 맞춤법

화산 ☐☐은 왜 일어나는 걸까? 호기심이 ☐☐한다!

폭팔 VS 폭발

 **힌트**
- 불이 일어나면서 갑작스럽게 터지는 상태를 가리키는 말이에요.
- 속에 쌓여 있던 감정이 한순간에 세찬 기세로 드러날 때도 사용하지요.
- [폭빨]이라고 발음해요.
- '폭팔'은 강원도와 경상남도 지역에서 사용하는 방언이랍니다.

정답 - 폭발

 **기억 꿀팁** '폭발'과 비슷한 말은 '촉발'이에요. 두 단어 모두 '발' 자로 끝나니 함께 묶어 기억해 보세요!

9월 20 바른 맞춤법

오늘은 축 처지는 기분이 들지만 내일은 ☐☐☐처럼 다시 일어설 거야.

오뚜기 VS 오뚝이

 **힌트**
- 밑을 무겁게 하여 아무렇게나 굴려도 오뚝오뚝 일어서는 장난감이에요.
- 꿀꿀 돼지는 '꿀꾸리'가 아니라 '꿀꿀이'라고 불러요.
- 홀쭉한 사람은 '홀쭈기'가 아니라 '홀쭉이'라고 불러요.
- 그렇다면 오뚝오뚝 일어서는 장난감은 무엇이라 불러야 할까요?

정답 : 오뚝이

 **기억 꿀팁**
마트에 가면 '오뚜기'라는 글자가 눈에 자주 띌 거예요. 식품 회사 이름이기 때문이지요. 그럴 때마다 '오뚝이가 바른 말인데!' 하고 생각해 보세요. 생활 속에서도 맞춤법을 쉽게 공부할 수 있답니다!

4월 13일

비슷한 맞춤법

배부른데도 할머니가 자꾸 더 먹으라고 하셔서 □□스러웠어.

곤욕 VS 곤혹

곤욕	곤혹
• 참기 힘든 심한 모욕이라는 뜻이에요. • 비슷한 말은 '모욕, 수모, 치욕'이에요.	• 곤란한 일을 당해 어찌할 줄 모르는 상황을 나타내는 말이에요. • 비슷한 말은 '당혹'이랍니다.

정답: 곤혹

기억 꿀팁: '곤욕'과 '곤혹'만 놓고 보면 헷갈리지만 '곤욕=모욕' '곤혹=당혹'이라고 생각하면 쉽게 기억할 수 있을 거예요.

9월 19 — 사자성어

가을이 깊어질수록 ☐☐☐☐가 무르익을 거야.

오곡백과 VS 오곡백화

 **힌트**
- 온갖 곡식과 과일이라는 뜻을 지니고 있어요.
- '오곡'은 온갖 곡식을 통틀어 나타내는 말이에요.
- '백과'는 온갖 과일이라는 말이에요.
- '백화'는 온갖 꽃이라는 말이랍니다.
- 한자로는 五穀百果(다섯 오 / 곡식 곡 / 일백 백 / 실과 과)라고 쓴답니다.

정답: 오곡백과

 **함께 알기**

'더도 말고 덜도 말고 늘 가윗날만 같아라'라는 속담이 있어요. 추석은 온갖 곡식이 익는 계절인 만큼 모든 것이 풍성하지요. 그래서 잘 먹고 잘 입고 편히 살기를 바랄 때 이렇게 말하고는 한답니다.

4월 14 | **외래어**

인간과 사회의 문제점을 경쾌하고 재미있게 다뤄 웃음을 주는 연극을 뜻하는 올바른 외래어 표기는?

코미디 VS 코메디

그림에서 힌트를 찾고 정답을 확인해 봐요.

 영어로 'comedy'라고 써요. 'ㅣ'자 모양의 스탠드 마이크 앞에 선 코미디언을 떠올리며 코미디라고 기억해 봐요!

9월 18 — 비슷한 맞춤법

피아노를 배운 지 ☐☐로 3년이 되었지만 실력이 여전히 부족해.

횟수  **햇수**

 힌트

횟수	햇수
• 돌아오는 차례의 수를 의미해요. • 어떤 일이 몇 번 일어났는지 말하는 거예요.	• 해의 수를 뜻해요. • 연도를 세는 말이라고 생각하면 쉬워요.

정답: 햇수

 함께 알기

2023년에 12월에 피아노를 배우기 시작해서 2025년 9월이 되었다면, 피아노를 배운 지 햇수로 3년이 되었다고 할 수 있어요. 2023, 2024, 2025년. 3개의 연도이니까요.

4월 15

복수 표준어

쑥스럽거나 미안하여
부끄럽고 어색함을 나타내는
겸연쩍다 **계면쩍다** 는
두 단어 모두 바른 맞춤법이에요.

9월 17일 — 바른 맞춤법

억울하면 □□처럼 굴지 말고 자기 생각을 똑똑히 밝혀야 해.

숙맥 VS 쑥맥

 **힌트**
- 세상의 이러저러한 형편을 잘 모르는 사람을 의미해요.
- 콩인지 보리인지 구별하지 못한다는 뜻을 지닌 사자성어에서 온 말이지요.
- [숭맥]이라고 발음해요.
- 한자로는 菽麥(콩 숙 / 보리 맥)이라고 쓴답니다.

정답: 숙맥

 **함께 알기**

'숙맥'은 '숙맥불변'에서 온 말이에요. 한자로는 菽麥不辨(콩 숙 / 보리 맥 / 아닐 불 / 분별할 변)이라고 쓴답니다.

4월 16 | **바른 맞춤법**

늦잠을 자서 ☐☐☐☐ 학교에 지각할 뻔했지 뭐야.

하마트면 VS 하마터면

 **힌트**
- '조금만 잘못했더라면'이라는 뜻을 지니고 있어요.
- 위험한 상황을 겨우 벗어났을 때 사용하는 말이에요.
- 이와 비슷한 말은 '자칫'이에요.
- [하마터면]이라고 발음하고 소리 나는 대로 쓴답니다.

정답 - 하마터면

 **함께 알기**
'하마터면'은 '뻔했다'와 어울려 써요. '하마터면 어쩌고저쩌고할 뻔했다'를 활용해 여러 문장을 만들어 보면 바른 맞춤법을 자연스레 익힐 수 있을 거예요.

9월 16 — 복수 표준어

움직이는 물체가 다른 물체의
뒤를 이어 따르거나,
어떤 일이 계속 일어난다는 뜻의
연달다 잇달다 는
두 단어 모두 바른 맞춤법이에요.

4월 17 — 비슷한 맞춤법

소중한 게임기를 ☐☐ 준 친구에게 이 자리를 ☐☐ 고마움을 전하고 싶어.

빌려 VS 빌어

힌트

빌리다	빌다
• 다른 사람의 물건이나 돈을 나중에 돌려주기로 하고 잠시 가져다 쓴다는 말이에요. • 어떤 일을 하기 위해 기회를 이용한다는 의미도 있답니다.	• 소원이 이루어지기를 간절히 바란다는 뜻이에요. • 잘못을 용서해 달라고 호소한다는 의미도 있답니다.

정답: 빌려

기억 꿀팁: '빌다'는 양손을 싹싹 비비는 포즈와 어울리는 말이에요. 그러니 손을 싹싹 비빌 만한 상황에만 '빌다'를 써 주세요.

9월 15 / 외래어

신체적, 정신적 능력이 일반인보다 훨씬 뛰어난 사람을 뜻하는 올바른 외래어 표기는?

수퍼맨 VS 슈퍼맨

그림에서 힌트를 찾고 정답을 확인해 봐요.

영어로 'superman'이라고 써요. '하늘에서 슈웅 날아온 슈퍼맨'이라는 문장으로 기억해 봐요.

4월 18 사자성어

변덕스러운 우리 언니는 하루에도 열 번씩 ☐☐☐☐을 느낀대.

희노애락 VS 희로애락

 힌트

- 기쁨과 노여움과 슬픔과 즐거움이란 뜻으로, 사람이 느끼는 네 가지 감정을 의미해요.
- '희노'는 '희로'를 잘못 쓴 말이에요.
- '희로'는 기쁨과 노여움을 함께 나타내는 말이에요.
- '애락'은 슬픔과 즐거움을 함께 나타내는 말이랍니다.
- 한자로는 喜怒哀樂(기쁠 희 / 성낼 로 / 슬플 애 / 즐길 락) 이라고 쓴답니다.

정답: 희로애락

 함께 알기

'성낼 로(怒)'는 [노]로 발음하기도 해요. 그래서 '희노애락'으로 잘못 알고 있는 사람들이 많지요. 하지만 '희노애락'보다 '희로애락'이 발음하기 편해 표준어로 인정되었답니다.

9월 14일 - 비슷한 맞춤법

우리가 □□ 숙소에 온천이 있어서 오래간만에 □□ 때를 밀었어.

묵은 VS **묶은**

힌트

묵다	묶다
• 일정한 곳에서 잠을 자며 잠시 머무른다는 뜻이에요. • 일정한 때를 지나서 오래된 상태가 되었다는 뜻도 있어요.	• 끈이나 줄 등을 매듭으로 만든다는 뜻이에요. • 머리끈으로 머리카락을 묶거나, 일기를 책으로 묶을 수도 있답니다.

정답: 묵은

기억 꿀팁

'묵다'는 '묵어, 묵어서, 묵으니'로 활용하고 '[무거], [무거서], [무그니]'로 발음해요. '묶다'는 '묶어, 묶어서, 묶으니'로 활용하고 '[무꺼], [무꺼서], [무끄니]'로 발음하지요. 단어를 다양하게 발음하면서 어떤 받침을 쓰는지 알아봐요!

4월 19 바른 맞춤법

□□□□ 싸우는 친구들을
말리다가 엉덩방아를 찧었어.

치고박고 VS 치고받고

힌트
- 서로 말로 다투거나 여기저기를 때리며 싸운다는 의미예요.
- '치다'는 손이나 손에 든 물건으로 무언가를 때린다는 뜻이에요.
- '받다'는 무언가를 머리나 뿔로 세차게 밀어 부딪친다는 뜻이에요.
- '박다'는 어딘가에 머리를 쿵 부딪쳤을 때 사용하는 말이랍니다.

정답: 치고받고

기억 꿀팁
'박다'는 싸운다는 의미를 지니고 있지 않아요. 그러니 때린다는 뜻이 있는 '치다'와는 어울려 쓸 수 없겠지요?

9월 13 | 바른 맞춤법

쑥스러워서 말을 잘 하지 않을 뿐인데 친구들이 나더러 ☐☐☐☐ 같대.

새침데기 VS 새침떼기

힌트
- 새침한 성격을 지닌 사람을 가리키는 말이에요.
- '새침'은 쌀쌀맞게 시치미를 떼는 태도를 의미해요.
- 단어 뒤에 '-데기'가 붙으면 그런 성질을 가진 사람이라는 뜻이 더해져요.
- [새침떼기]라고 발음하지만 맞춤법은 이와 다르답니다.

정답: 새침데기

함께 알기
어리석은 사람을 '멍청이'나 '바보'라고 부르기도 하지만 '푼수데기'라고 놀리기도 한답니다.

4월 20일 — 비슷한 맞춤법

철인 삼종 경기에 출전하는 아빠의 □□를 빌었어.

건투  **권투**

힌트

건투	권투
• 의지를 굽히지 않고 굳세게 잘 싸워 나간다는 뜻이에요. • 굳셀 건(健), 싸울 투(鬪) 자를 쓰는 한자어예요.	• 두 사람이 양손에 글러브를 끼고 주먹을 쥔 채 맞붙어 승부를 겨루는 경기를 말해요. • 주먹 권(拳), 싸울 투(鬪) 자를 쓰는 한자어랍니다.

정답 – 건투

기억 꿀팁: '권투를 빈다'고 잘못 쓰는 친구들이 많아요. '권투'가 '주먹 권(拳)' 자를 쓴다는 사실을 기억해 둔다면 더는 틀릴 일이 없겠지요?

9월 12일 사자성어

두발자전거에 보조 바퀴를 다니까 ☐☐☐☐를 얻은 것처럼 든든해.

천군만마 VS 천군마마

 **힌트**
- 천 명의 군사와 만 마리의 군마라는 뜻으로, 아주 많은 수의 군사와 군마를 의미하는 말이에요.
- '천군'은 많은 군사라는 뜻이에요.
- '만마'라는 글자는 많은 군마라는 뜻이에요.
- '마마'는 천연두를 일상적으로 부르는 말이랍니다.
- 한자로는 千軍萬馬(일천 천 / 군사 군 / 일 만 만 / 말 마)라고 쓴답니다.

정답: 천군만마

 **함께 알기**

전쟁에서 많은 군사와 군마가 있으면 큰 힘이 돼요. 이처럼, 어려운 상황에 놓였으나 큰 도움을 받게 된다면 '천군만마를 얻은 것 같다'라고 말할 수 있답니다.

4월 21

외래어

인터넷이나 컴퓨터 통신을 통해 제공되는 디지털 정보를 뜻하는 올바른 외래어 표기는?

콘텐츠 VS 컨텐츠

그림에서 힌트를 찾고 정답을 확인해 봐요.

 영어로 'contents'라고 써요. '이번 영상 콘텐츠의 콘셉트는 콘치즈 많이 먹기!'라는 문장으로 '콘셉트'까지 함께 기억해 봐요.

9월 11일

비슷한 맞춤법

스웨터를 □□으로 입고 싶지만 아직은 날씨가 더워.

웃옷 **윗옷**

힌트

웃옷	윗옷
• 맨 겉에 입는 옷을 말해요. • 비슷한 말은 '겉옷'이에요.	• 윗몸에 입는 옷을 말해요. • 비슷한 말은 '상의, 윗도리'랍니다.

정답: 웃옷

기억 꿀팁: 아래의 반대말은 위예요. 그러니까 아래옷의 반대말은 윗옷이겠지요?

4월 22

복수 표준어

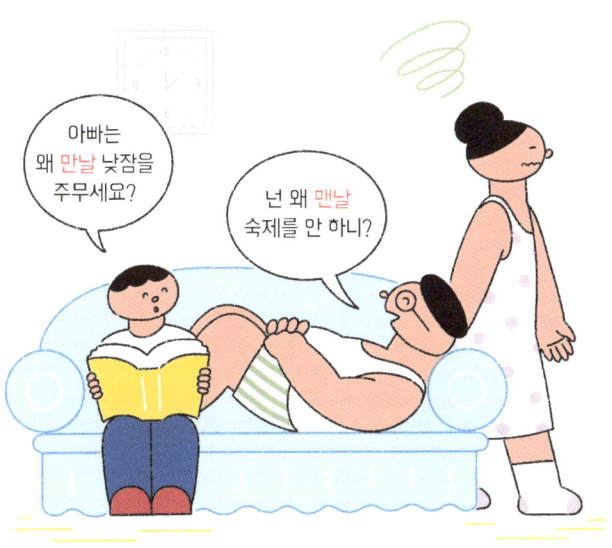

'매일, 계속'을 뜻하는
만날 맨날 은
두 단어 모두 바른 맞춤법이에요.

9월 10

바른 맞춤법

오늘 저녁은 내가 제일 좋아하는 ☐☐☐ 볶음이야!

쭈꾸미 VS 주꾸미

힌트

- 주로 얕은 바다에 사는, 낙지와 비슷하게 생긴 연체동물이에요.
- 죽순이 돋아나는 봄이 제철이라 '죽금어'라고 불린 데서 유래했대요.
- '쭈꾸미'는 전라남도 지역에서 사용하는 방언이에요.
- [주꾸미]라고 발음하고 소리 나는 대로 쓴답니다.

정답: 주꾸미

함께 알기

'꼼장어'가 아니라 '곰장어'가 바른말이라는 사실도 함께 알아두세요!

4월 23 바른 맞춤법

☐☐☐☐이가 아른아른 피어오르는 걸 보니 봄이구나.

아지랭이 VS 아지랑이

 힌트
- 햇볕이 강하게 내리쬐는 봄날에 공기가 공중에서 아른아른 움직이는 현상이에요.
- 어지러운 느낌을 나타내는 '아질아질'에, 작은 것을 나타내는 '-앙이'가 붙어 만들어진 말이에요.
- 옛날에는 '아지랭이'라고 했지만 지금은 아니에요.
- [아지랑이]라고 발음하고 소리 나는 대로 쓴답니다.

정답 - 아지랑이

 함께 알기
'호랭이'와 '가랭이'도 틀린 말이에요. '호랑이'와 '가랑이'로 바르게 써주세요.

9월 09

복수 표준어

팔다리를 내저으며 몸을 움직이는 모양이나, 힘겨운 처지에서 벗어나려고 애쓰는 모양을 뜻하는 **바동바동** **바둥비둥** 은 두 단어 모두 바른 맞춤법이에요.

4월 24 | 비슷한 맞춤법

오늘은 개교기념일이라서 등교 □ 한대!

안 VS 않

힌트

안	않
• '아니'가 줄어든 말로, 뒤에 오는 말을 반대할 때 사용해요. • '안 먹다, 안 자다, 안 가다.'	• '아니하-'가 줄어든 말로, 앞에 오는 말을 반대할 때 사용해요. • '먹지 않다, 자지 않다, 가지 않다.'

정답: 안

기억 꿀팁: '않 해'가 맞는 말인지 궁금하다면 '아니'와 '아니하-'로 바꿔서 읽어 보세요. '아니 해'는 자연스럽지만 '아니하 해'는 어색하지요? 그러니까 '안 해'가 맞는 말이라는 말씀!

9월 08 | 외래어

작물이나 화재 현장에 물을 흩뿌려 주는 장치를 뜻하는 올바른 외래어 표기는?

스프링쿨러 VS 스프링클러

그림에서 힌트를 찾고 정답을 확인해 봐요.

말풍선: 할아버지 도와드리려고 물뿌리개 가져왔어요.
말풍선: 에엥? 요즘은 스프링클러로 물을 주는걸?

 영어로 'sprinkler'라고 써요. 시원하게 뿜어져 나가는 물줄기가 'ㅡ'자와 닮았으니 스프링클러라고 기억해 봐요!

4월 25

사자성어

개구쟁이 오빠가 예절 학교에 다녀오더니 신사처럼 □□□□했어.

환골탈태 VS 환골탈퇴

 **힌트**

- 뼈대를 바꾸고 태를 바꾸어 쓴다는 뜻으로, 긍정적으로 바뀌어 딴사람처럼 되었다는 뜻이에요.
- '환골'은 사람이 좋은 방향으로 바뀌어 딴사람처럼 되었다는 뜻이에요.
- '탈태'도 사람이 좋은 방향으로 바뀌었다는 뜻이에요.
- '탈퇴'는 소속한 모임에서 나온다는 뜻이랍니다.
- 한자로는 換骨奪胎(바꿀 환 / 뼈 골 / 빼앗을 탈 / 아이 밸 태)라고 쓴답니다.

정답: 환골탈태

 **함께 알기**

'환골탈태'와 비슷한 말은 '개과천선'이에요. 지난날의 잘못을 뉘우치고 고쳐 착해진다는 뜻이지요. 이 단어들이 어려우면 '변신, 변화, 탈바꿈'이라고 말해도 좋아요.

9월 07 — 비슷한 맞춤법

일기예보에서 오늘 날씨가 ☐☐☐ 우산을 준비하랬는데 해가 쨍쨍해!

궂다며 VS 굳다며

힌트

궂다	굳다
• 비나 눈이 내려 날씨가 나쁘다는 뜻이에요. • 일이나 상황이 좋지 않고 나쁠 때도 쓸 수 있어요.	• 무른 물체가 단단하게 된다는 뜻이에요. • 몸이 굳거나, 표정이 굳거나, 버릇이 굳을 수도 있답니다.

정답: 궂다며

기억 꿀팁: '궂다'는 '궂어, 궂어서, 궂으니'로 활용하고 [구저], [구저서], [구즈니]로 발음해요. '굳다'는 '굳어, 굳어서, 굳으니'로 활용하고 [구더], [구더서], [구드니]로 발음하지요. 단어를 다양하게 발음해 보면 어떤 받침을 쓰는지 쉽게 알 수 있답니다.

4월 26 | 바른 맞춤법

비 오는 날에 ☐☐☐ 신발은 뮈니 뮈니해도 목이 긴 장화야.

알맞은 VS 알맞는

 **힌트**
- 일정한 기준, 조건, 정도에 넘치거나 모자라지 않는다는 뜻이에요.
- 이와 비슷한 단어는 '걸맞다'이지요.
- '걸맞다'는 '걸맞은'으로 바꾸어 말할 수 있어요.
- 이 단어는 [알마즌]으로 발음한답니다.

정답: 알맞은

 **기억 꿀팁**
소리로 기억하는 게 가장 간단해요. [알마즌]과 [걸마즌]을 자꾸자꾸 소리 내서 읽다 보면 입에 착 붙을 거예요!

9월 06 - 바른 맞춤법

삼촌이 리모컨을 ☐☐☐☐ 만화를 실컷 봐도 괜찮다고 하셨어.

건네주며 VS 건내주며

힌트
- 돈이나 물건 등을 다른 사람에게 옮겨 준다는 뜻이에요.
- 이와 비슷한 단어는 '주다'예요.
- 돈이나 물건 같은 것이 이쪽에서 저쪽으로 '건너가는' 모습을 상상해 보세요.
- 이것의 반대말은 '건네받다'랍니다.

정답: 건네주며

기억 꿀팁: '건너에 있는 친구에게 물건을 건네다'라는 문장으로 기억해 봐요!

4월 27 비슷한 맞춤법

나쁜 꿈을 꿨다면 각별히 ☐☐해야 한다는 게 우리 할머니의 ☐☐야.

주위 VS 주의

 힌트

주위	주의
• 무언가의 둘레나 주변을 가리키는 말이에요. • 어떤 사물이나 사람을 둘러싼 환경을 뜻하기도 해요.	• 마음에 새겨 두고 조심한다는 뜻이에요. • 어떤 일에 대해 굳게 지키는 주장을 의미하기도 한답니다.

정답: 주의

 **기억 꿀팁**

태풍을 조심해야 하는 날에는 기상청이 '태풍주의보'를 발령해요. 이것을 '태풍주위보'라고 말하는 친구는 없겠지요? 주의는 조심과 관련 있다는 사실, 잊지 마세요!

9월 05 사자성어

한정판 장난감을 파는 가게 앞은 □□□□를 이루고 있었어.

인산이내 VS 인산인해

 **힌트**
- 사람이 산과 바다를 이루었다는 뜻으로, 사람이 많이 모인 상태를 의미하는 말이에요.
- '인산'은 사람이 산처럼 많이 모인 상태를 말해요.
- '이내'는 '일정한 범위의 안' 또는 '어떤 일이 생기자 곧'이라는 뜻이에요.
- '인해'는 사람이 바다처럼 많이 모인 상태를 말해요.
- 한자로는 人山人海(사람 인 / 메 산 / 사람 인 / 바다 해)라고 쓴답니다.

정답 - 인산인해

 **함께 알기**
'인산인해'와 비슷한 말은 '문전성시'예요. 찾아오는 사람이 많아 집 문 앞이 시장을 이루다시피 한다는 뜻이랍니다.

4월 28 | **외래어**

햇빛이나 시선을 차단하기 위해 창문에 다는 천을 뜻하는 올바른 외래어 표기는?

커튼 VS 커텐

그림에서 힌트를 찾고 정답을 확인해 봐요.

일광욕할 수 있게 커튼 버튼을 채워 둘게.

야옹~

영어로 'curtain'이라고 써요. '커튼 버튼'이라는 단어로 기억해 봐요!

9월 04 비슷한 맞춤법

텔레비전에 군인들이 나오자, 아빠가 군대 다녀온 □□를 또 시작하셨어.

얘기 VS 예기

힌트

얘기	예기
• 말하는 사람끼리 서로 오가는 말을 뜻해요. • 일정한 줄거리를 지닌 말이나 글을 뜻하기도 해요.	• 끝이 뾰족하거나 날이 예리한 물건을 뜻해요. • 앞일을 미리 생각하고 기다린다는 뜻도 있답니다.

정답: 얘기

 **기억 꿀팁**

'얘기'는 '이야기'가 줄어든 말이에요. "이야기, 이야기, 이야기, 이야기, 얘기!" 이야기를 빠르게 말하다 보면 자연스레 '얘기'라는 단어를 떠올릴 수 있을 거예요!

'그와 같은 정도로' 혹은
'그렇기 때문에'라는 뜻을 지닌
만큼 **만치** 는
두 단어 모두 바른 맞춤법이에요.

9월 03 바른 맞춤법

동생이 내 책을 찢고선 ☐☐☐ 넘어가려 해서 증거 사진을 찍었어.

어물쩍 VS 어물쩡

힌트

- 말이나 행동을 일부러 슬그머니 얼버무리는 모습을 의미해요.
- 이와 비슷한 말은 '슬쩍'이에요.
- '어물쩡'은 경남 지역에서 사용하는 방언이에요.
- [어물쩍]이라고 발음하고 소리 나는 대로 쓴답니다.

정답: 어물쩍

기억 꿀팁

'어물쩍'과 '슬쩍'을 연관 지어 기억해 보세요. 둘 다 '쩍' 자로 끝나니 쉽게 떠올릴 수 있겠지요?

4월 30일 — 바른 맞춤법

우리 집 강아지는 □□ 말썽쟁이인데 오늘따라 웬일인지 얌전하네.

월래 VS 원래

힌트
- 사물이 전해져 내려오는 그 처음을 의미해요.
- 이와 비슷한 단어는 '본디, 본래, 애초'예요.
- [월래]라고 발음하지만 맞춤법은 이와 달라요.
- 한자로는 元來(으뜸 원 / 올 래)라고 쓴답니다.

정답 - 원래

함께 알기
'원래'를 [원래]가 아닌 [월래]라고 읽는 이유는 발음하기 더 편하기 때문이에요. '본래'도 [본래]가 아닌 [볼래]라고 발음한다는 사실도 함께 알아두면 좋아요.

9월 02 복수 표준어

여러 가지가 뒤섞여 갈피를
잡지 못한다는 뜻을 지닌
헷갈리다 헛갈리다 는
두 단어 모두 바른 맞춤법이에요.

5월

• MAY •

9월 01 외래어

물기를 잘 흡수하는 탄력 있는 물질로, 뭔가를 닦을 때 쓰는 물건을 뜻하는 올바른 외래어 표기는?

스펀지 VS 스폰지

그림에서 힌트를 찾고 정답을 확인해 봐요.

 영어로 'sponge'라고 써요. 만화 〈스폰지밥〉을 볼 때마다 '음, 스펀지가 바른 말인데 …' 하고 생각해 보세요!

5월 01 | 비슷한 맞춤법

이제는 작아진 침대를 ☐☐☐☐ 새 침대를 들여놓았어.

드러내고 VS 들어내고

 힌트

드러내다	들어내다
• 보이지 않던 것을 보이게 하거나, 알려지지 않은 사실을 밝힐 때 사용하는 말이에요. • 비슷한 말은 '나타내다'예요.	• 물건을 들어서 밖으로 옮길 때 사용하는 말이에요. • 비슷한 말은 '꺼내다'랍니다.

정답: 들어내고

 **기억꿀팁**

'들어내다'의 반대말은 '들여놓다'예요. 물건을 밖에서 안으로 가져다 놓을 때 사용하는 말이지요. 두 단어 모두 '들' 자로 시작하니 쉽게 기억할 수 있겠지요?

9월

· SEPTEMBER ·

5월 02 사자성어

엄마의 응원 소리 덕에 □□□□해서 달리기 일등을 했어.

사기충천 VS 사기충전

 힌트
- 사기가 하늘을 찌를 듯이 높다는 뜻을 지니고 있어요.
- '사기'는 자신감이 가득해 굽힐 줄 모르는 기세를 뜻해요.
- '충천'은 하늘을 찌를 듯 높이 솟아오른다는 뜻이에요.
- '충전'은 배터리에 전기를 채워 넣거나, 휴식하면서 기운을 되찾는 일을 말하지요.
- 한자로는 士氣衝天(선비 사 / 기운 기 / 찌를 충 / 하늘 천)이라고 쓴답니다.

정답: 사기충천

 **함께 알기**
'사기충천'과 비슷한 말은 '기세등등'이에요. 기세가 매우 높고 힘찬 모양을 의미해요. 기세등등한 사람을 '범 탄 장수 같다'고 표현하기도 한답니다.

8월 31 | 비슷한 맞춤법

☐☐ 친구랑 놀이터에서 만나기로 해서 숙제를 빨리 끝내야 해.

있다가 VS 이따가

힌트

있다가	이따가
• '친구네 집에 있다가 학원에 갈래'처럼 '머무르다가'라는 뜻이에요.	• '시간이 조금 지난 뒤에'라는 뜻이에요. • 비슷한 말은 '이따'랍니다.

정답: 이따가

기억 꿀팁: '있다가'는 장소와, '이따가'는 시간과 관련 있다고 기억해 보세요!

5월 03 | **바른 맞춤법**

☐☐☐ 세수를 해야 한다면 미루지 말고 지금 하는 게 낫겠어.

어차피 VS 어짜피

 **힌트**
- '이렇게 하든지 저렇게 하든지' 또는 '이렇게 되든지 저렇게 되든지'라는 뜻이에요.
- 이와 비슷한 말은 '이러나저러나'예요.
- '어차어피'가 줄어든 말이지요.
- 한자로는 於此彼(어조사 어 / 이 차 / 저 피)라고 쓴답니다.

정답: 어차피

 **기억 꿀팁**
이날 저 날 하면서 자꾸 기한을 미루는 모양을 나타내는 말은 '차일피일'이에요. 한자로는 此日彼日(이 차 / 날 일 / 저 피 / 날 일)이라고 쓰는데요. 이것을 '짜일피일'이라고 쓰지 않듯, '어차피' 역시 '어짜피'라고 쓰면 안 되겠지요?

8월 30 · **바른 맞춤법**

내 짝꿍은 못 말리는 ☐☐☐☐라서 하루라도 장난을 치지 않는 날이 없어.

개구장이 VS 개구쟁이

 **힌트**
- 심하고 짓궂게 장난을 하는 아이를 뜻하는 말이에요.
- 단어 뒤에 '-장이'가 붙으면 기술을 가진 사람이라는 뜻이 더해져요.
- 단어 뒤에 '-쟁이'가 붙으면 그러한 특성을 가진 사람이라는 뜻이 더해지지요.
- 심술이 많은 사람은 '심술쟁이', 멋을 부리는 사람은 '멋쟁이'라고 한답니다.

정답: 개구쟁이

 **함께 알기**

대장간에서 쇠붙이를 다루는 사람은 '대장장이'라고 해요. 쇠를 다루는 기술을 가진 사람이니 '-장이'가 붙어야 옳겠지요?

5월 04 - 비슷한 맞춤법

아장아장 ☐☐을 걷던 아기가 몇 ☐☐ 가지 못해 주저앉고 말았어.

거름 VS 걸음

힌트

거름	걸음
• 식물이 잘 자라도록 흙에 주는 영양물질을 뜻하는 말이에요. • 비슷한 말은 '두엄, 퇴비'예요.	• 두 발을 번갈아 옮겨 놓는 동작을 말하는데 그 동작의 횟수를 셀 때도 사용한답니다. • 비슷한 말은 '발걸음'이에요.

정답: 걸음

함께 알기: 걸음걸이에는 다양한 종류가 있어요. 종종걸음, 제자리걸음, 잔걸음, 게걸음, 뒷걸음, 오리걸음, 거북이걸음, 팔자걸음…. 단어만 보아도 어떤 모양으로 걸을지 상상이 가지요?

8월 29

사자성어

외국으로 유학을 갔던 삼촌이 공학 박사가 되어 ☐☐☐☐ 했어.

금의환양 VS 금의환향

 힌트
- 비단옷을 입고 고향에 돌아온다는 뜻으로, 크게 성공하여 돌아온다는 의미예요.
- '금의'는 비단으로 지은 옷을 뜻해요.
- '환양'은 양달과 응달이 바뀌었다는 북한어예요.
- '환향'은 고향으로 돌아온다는 뜻이에요.
- 한자로는 錦衣還鄕(비단 금 / 옷 의 / 돌아올 환 / 시골 향) 이라고 쓴답니다.

정답: 금의환향

 함께 알기

'금의환향'의 반대말은 '의금야행'이에요. 비단옷을 입고 밤에 다닌다는 뜻으로, 모처럼 성공했지만 남에게 알려지지 않음을 뜻하는 말이랍니다.

5월 05 — **외래어**

등받이와 팔걸이가 있는 길고 푹신한 의자를 뜻하는 올바른 외래어 표기는?

쇼파 VS 소파

그림에서 힌트를 찾고 정답을 확인해 봐요.

우리는 왜 소파를 놔두고 항상 바닥에 앉을까요?

좌식 생활에 익숙한 한국인의 본능이랄까?

영어로 'sofa'라고 써요. '소가죽 소파'라는 문장으로 기억해 봐요!

8월 28일 — 비슷한 맞춤법

얼마 후면 개학인데 방학 숙제를 많이 하지 못해서 마음이 ☐☐☐.

심란해  **심난해**

힌트

심란하다	심난하다
• 마음이 어수선하다는 뜻이에요. • 비슷한 말은 '뒤숭숭하다'예요.	• 매우 어렵다는 뜻이에요. • 비슷한 말은 '고되다'랍니다.

정답 - 심란해

기억꿀팁
'심란하다'는 마음 심(心), 어지러울 란(亂) 자를 써요. '심난하다'는 심할 심(甚), 어려울 난(難) 자를 쓰고요. 각 단어의 한자를 알아두면 헷갈릴 일이 없겠지요?

5월 06

복수 표준어

글씨나 그림을 아무렇게나 자꾸 쓰거나 그리는 모양을 가리키는 끼적거리다 끄적거리다 는 두 단어 모두 바른 맞춤법이에요.

8월 27 바른 맞춤법

면도를 하지 않은 아빠의 ☐☐☐☐이 산적처럼 자라났어.

구레나룻 VS 구렛나루

힌트

- 귀밑에서 턱까지 잇따라 난 수염을 가리키는 말이에요.
- 가축을 부리기 위해 머리 쪽에 얽어맨 줄을 뜻하는 '굴레'의 옛말인 '구레'에, 수염을 뜻하는 순우리말인 '나룻'이 붙어 만들어진 말이에요.
- [구레나룯]으로 발음해요.
- 발음을 보니 단어 사이에 'ㅅ' 받침이 들어가지 않겠지요?

정답: 구레나룻

함께 알기

코 아래에 난 수염은 '콧수염', 아래턱에 난 수염은 '턱수염', 코 밑에 여덟 팔(八) 자 모양으로 난 수염은 '팔자수염'이라고 부른답니다.

5월 07 바른 맞춤법

오늘 강아지 산책은 누가 시킬 거냐는 아빠의 물음에 "☐☐ 할게요!" 하며 손을 번쩍 들었어.

제가 VS 저가

 **힌트**
- '저'는 윗사람과 대화할 때 자기를 낮추어 가리키는 말이에요.
- '나'의 낮춤말이라고 생각하면 쉽지요.
- '나' 뒤에 '가'가 붙으면 '나가'가 아닌 '내가'라고 말해요.
- '저' 뒤에 '가'가 붙어도 '저가'가 아닌 '제가'라고 한답니다.

정답: 제가

 **함께 알기**

'너' 뒤에 '가'가 붙으면 '너가'가 아닌 '네가'라고 말해야 한다는 사실도 함께 알아두세요.

귀 쪽으로 가늘게 좁혀진
눈의 가장자리를 뜻하는
눈초리 눈꼬리 는
두 단어 모두 바른 맞춤법이에요.

5월 08 비슷한 맞춤법

물가가 올라서 아이스크림 가격이 더 비싸게 ☐☐됐대.

조정 VS 조종

힌트

조정	조종
• 어떤 기준이나 실제의 사정에 맞게 정돈한다는 뜻이 있어요. • 비슷한 말은 '조절'이에요.	• 비행기, 배, 자동차 같은 기계를 마음먹은 대로 움직인다는 뜻이 있어요. • 비슷한 말은 '운전'이랍니다.

정답: 조정

기억 꿀팁: '조정은 정돈'이라고 기억해 보세요. 비행기를 마음먹은 대로 움직이는 사람을 조종사라고 하니까 '조종은 조종사'라고 기억하면 쉽지요?

8월 25일

외래어

고기나 채소를 삶은 국물에 소금, 후추로 맛을 더한 음식을 말하는 올바른 외래어 표기는?

스프 VS 수프

그림에서 힌트를 찾고 정답을 확인해 봐요.

 영어로 'soup'이라고 써요. '수프는 수저로 먹어야지!'라는 문장으로 기억해 봐요!

5월 09 사자성어

뭘 잘못 먹었는지 ☐☐☐☐이 멈추지 않아서 죽을 지경이야.

토사광란 VS 토사곽란

 힌트
- 배가 아파서 위로는 토하고 아래로는 설사하는 힘든 상태를 의미해요.
- '토사'는 위로는 토하고 아래로는 설사한다는 뜻이에요.
- '광란'은 미친 듯이 어지럽게 날뛴다는 뜻이에요.
- '곽란'은 음식이 체하여 토하고 설사하는 병을 말해요.
- 한자로는 吐瀉癨亂(토할 토 / 쏟을 사 / 곽란 곽 / 어지러울 란)이라고 쓴답니다.

정답: 토사곽란

 함께 알기

'토사곽란'과 비슷한 말은 '상토하사'예요. 이 역시 위로는 토하고 아래로는 설사한다는 뜻이지요. 토해 낸 내용물을 '토사물'이라고 한다는 사실도 함께 알아두어요.

8월 24일 - 비슷한 맞춤법

방학 내내 실컷 놀았더니 이제 노는 것도 □□이 나.

싫증 VS 실증

힌트

싫증	실증
• 싫은 생각이나 느낌을 의미해요. • 비슷한 말은 '넌더리'예요.	• 확실한 증거를 의미해요. • 비슷한 말은 '증거'랍니다.

정답: 싫증

기억 꿀팁: '싫증'은 '싫다'의 '싫'에 '증세 증(症)'이 붙어 만들어진 말이에요. '싫증'은 '싫다'에서 온 말이니까 'ㅀ' 받침을 쓴다는 사실, 잊지 마세요!

5월 10

바른 맞춤법

오늘따라 몸이 찌뿌둥해서 ☐☐☐☐가 학원 버스를 놓칠 뻔했어.

꾸물대다 VS 꾸물되다

힌트

- 매우 느리게 자꾸 움직이거나, 게으르고 굼뜨게 행동한다는 뜻이에요.
- 이와 비슷한 말은 '미적대다'예요.
- '-대다'가 단어 뒤에 붙으면 그런 상태가 계속된다는 뜻이 더해져요.
- '-되다'가 단어 뒤에 붙으면 어떤 일이 다른 것에 의해 이루어진다는 뜻이 더해진답니다.

정답: 꾸물대다

함께 알기

단어 뒤에 '-거리다'가 붙어도 그런 상태가 계속된다는 뜻이 더해져요. 그러니까 '꾸물대다'와 '꾸물거리다'는 같은 말이겠지요?

8월 23 바른 맞춤법

내 목소리가 워낙 커서 그런지 ☐☐☐☐ 얘기해도 다 들린대.

소곤소곤 VS 소근소근

 힌트
- 남이 알아듣지 못하도록 작은 목소리로 이야기하는 소리나 모양을 나타내는 말이에요.
- 'ㅗ'는 말소리가 밝고 산뜻한 모음이고, 'ㅡ'는 말소리가 어둡고 큰 모음이에요.
- 말소리가 밝고 산뜻한 모음은 자기와 비슷한 느낌을 주는 모음과 같이 써요.
- 이 단어보다 센 느낌을 주는 말은 '쏘곤쏘곤'이랍니다.

소곤소곤

 함께 알기

'소근대다, 소근거리다, 소근소근하다'는 모두 틀린 말이에요. '소곤대다, 소곤거리다, 소곤소곤하다'로 바르게 써주세요!

5월 11 비슷한 맞춤법

무대의상으로 입을 누더기를 □□가 바늘에 손가락을 찔렸어.

깊다 VS  깁다

힌트

깊다	깁다
• 겉에서 속까지의 거리가 멀 때, 또는 수준이 높거나 정도가 심할 때 사용하는 말이에요. • 비슷한 말은 '깊숙하다'예요.	• 떨어지거나 해진 곳에 다른 조각을 대거나 그대로 꿰맬 때 사용하는 말이에요. • 비슷한 말은 '꿰매다'랍니다.

정답 : 깁다

함께 알기

옷감의 찢어진 곳을 원래대로 흠집 없이 짜서 깁는 일을 '짜깁기'라고 해요. 이것을 '짜집기'라고 잘못 알고 있는 친구들이 많으니 이번 기회에 확실히 알아두면 좋겠지요?

8월 22 사자성어

일력을 한 장씩 넘길 때마다
맞춤법 실력이 ☐☐☐☐하고 있어!

일치월장 VS 일취월장

힌트
- 나날이 다달이 자라거나 발전한다는 말이에요.
- '일치'는 서로 꼭 맞는다는 뜻이랍니다.
- '일취'는 나날이 다달이 자라거나 발전한다는 의미예요.
- '월장'은 달마다 내용이나 정도가 나아진다는 뜻이에요.
- 한자로는 日就月將(날 일 / 나아갈 취 / 달 월 / 장수 장)이라고 쓴답니다.

정답: 일취월장

함께 알기
'일취월장'의 반대말은 '지지부진'이에요. 일이 매우 더뎌서 잘 진행되지 않는다는 뜻이지요. 이러한 상황을 속담으로 '다람쥐 쳇바퀴 돌듯'이라고 말하기도 한답니다.

5월 12 외래어

전기를 사용하여 사람이나 물건을 아래위로 실어 나르는 장치를 일컫는 올바른 외래어 표기는?

엘레베이터 VS 엘리베이터

그림에서 힌트를 찾고 정답을 확인해 봐요.

영어로 'elevator'라고 써요. '문이 열리는 엘리베이터'라는 문장으로 기억해 봐요!

8월 21 — 비슷한 맞춤법

엄마가 빗으로 머리를 ☐☐ 주면 나도 모르게 솔솔 잠이 와.

빗어  **빚어**

힌트

빗다	빚다
• 머리털을 빗 등으로 가지런히 고른다는 말이에요. • 머리털을 빗을 때 쓰는 도구를 '빗'이라고 해요.	• 흙이나 가루를 반죽해 무언가를 만든다는 말이에요. • '갈등을 빚다'처럼 어떤 결과나 현상을 만들어 냈을 때도 사용하지요.

정답: 빗어

 **기억 꿀팁** 머리카락은 빗으로 빗어요. '빗'이라는 한 글자만 잘 기억해 둔다면 '빗다'라는 말까지 함께 떠올릴 수 있겠지요?

서로 아무런 관련이 없거나
문제 될 것이 없다는 의미의
관계없다 상관없다 는
두 단어 모두 바른 맞춤법이에요.

8월 20 — 바른 맞춤법

아빠가 운동을 해야겠다며 양손으로 □□을 잡고 토끼뜀을 뛰었어.

귓볼 VS 귓불

 힌트
- 귓바퀴 아래쪽에 붙어 있는 살을 뜻하는 말이에요.
- 이와 비슷한 말은 '귓밥'이에요.
- '귓볼'은 강원도 지역에서 사용하는 방언이에요.
- [귀뿔] 또는 [귇뿔]이라고 발음한답니다.

정답: 귓불

 **기억 꿀팁**
절에 가면 부처님의 모습을 조각한 '불상'을 볼 수 있어요. 불상의 귓불은 매우 크지요. '불상의 귓불은 엄청 커!'라는 문장으로 기억해 봐요!

5월 14일 — 바른 맞춤법

오늘은 ▢▢ 기분이 별로라 마냥 누워있고만 싶어.

왠지 VS 웬지

 **힌트**
- '왜 그런지 모르게' 또는 '뚜렷한 이유도 없이'라는 의미를 지니고 있어요.
- 이와 비슷한 말은 '어쩐지'예요.
- '왜 그런지 모르게 → 왜 그런지 → 왜인지' 순서대로 줄어들어 이 단어가 탄생했어요.
- '웬'은 '어찌 된' 또는 '어떠한'이라는 뜻이랍니다.

정답 - 왠지

 **기억 꿀팁**

'왠'으로 시작하는 말은 '왠지'밖에 없어요. 그러니까 '웬일이니, 웬 떡이야, 이게 웬걸' 하는 말들은 모두 '웬'으로 써야한답니다.

눈으로 대강 짐작하여
헤아린다는 뜻을 지닌
눈대중 눈짐작 은
두 단어 모두 바른 맞춤법이에요.

5월 15 — 비슷한 맞춤법

태블릿으로 영화를 보는데 □□ 재미있는 순간에 배터리가 나가버렸어.

한참 VS 한창

힌트

한참	한창
• 시간이 상당히 지나는 동안을 뜻해요. • 비슷한 말은 '오랫동안'이에요.	• 어떤 일이 가장 활기 있고 왕성한 때를 뜻해요. • 비슷한 말은 '절정기'랍니다.

정답: 한창

기억 꿀팁: 기운이나 의욕이 가장 왕성한 나이를 '한창나이'라고 해요. 이 단어를 기억해 두면 '한창'의 의미를 자연스레 떠올릴 수 있을 거예요.

8월 18일 외래어

밀가루, 설탕, 달걀을 반죽해 고리 모양으로 튀긴 과자를 나타내는 올바른 외래어 표기는?

도넛 VS 도너츠

그림에서 힌트를 찾고 정답을 확인해 봐요.

영어로 'doughnut'이라고 써요. '맛있는 코코넛 도넛'으로 기억해 봐요!

5월 16

사자성어

☐☐☐☐에 가는 한이 있더라도
그 친구와는 화해하지 않을 거야!

삼수갑산 VS 산수갑산

힌트
- 우리나라에서 가장 춥고 험한 두 지역을 의미해요.
- '삼수'는 함경남도에 있는 험한 산골로, 조선 시대에 죄인을 보내 살게 한 곳이지요.
- '산수'는 산과 물이라는 뜻으로 경치를 의미하는 말이에요.
- '갑산'도 함경남도에 있는 험한 산골로, 조선 시대에 죄인을 보내 살게 한 곳이랍니다.
- 한자로는 三水甲山(석 삼 / 물 수 / 갑옷 갑 / 메 산)이라고 쓴답니다.

정답: 삼수갑산

함께 알기
'삼수갑산'은 춥고 험해서 그곳에 발을 들이면 살아 돌아오기 어려웠다고 해요. 오늘날 '삼수갑산에 가다'라는 표현은 몹시 어려운 상황에 놓였다는 의미로 사용된답니다.

8월 17 비슷한 맞춤법

도서관에서 빌려 온 책을 ☐☐까지 반납해야 해.

모레  **모래**

힌트

모레	모래
• 내일의 다음 날을 뜻하는 말로, 이틀 뒤를 말해요. • 같은 말은 '내일모레'예요. • 날짜와 관련된 말이에요.	• 아주 잘게 부스러진 돌 부스러기를 말해요.

정답: 모레

 **함께 알기**

날짜를 나타내는 다른 단어들도 함께 알아두도록 해요!

2일 전	1일 전	지금 이날	1일 후	2일 후	3일 후
그제=그저께	어제	오늘	내일	모레=내일모레	글피

5월 17일 - 바른 맞춤법

피아노 연주를 마치자 객석에서 □□와 같은 박수가 쏟아졌어.

우레 VS 우뢰

 힌트
- 하늘에서 번개가 번쩍인 후 곧이어 쾅 소리를 내며 천둥이 치는 현상을 말해요.
- 이와 비슷한 말은 '천둥'이에요.
- '하늘이 운다'에서 온 말로 '울다'의 '울'에 '-에'가 붙어 만들어진 순우리말이에요.
- 북한에서는 '우뢰'가 표준어이지만 우리나라에서는 그렇지 않답니다.

정답 - 우레

 **함께 알기**

많은 사람이 치는 매우 큰 박수를 '우레와 같은 박수'라고 표현한답니다. 자주 쓰는 표현이니 잘 기억했다가 사용해 보세요!

8월 16일 — 바른 맞춤법

따뜻한 기운을 아낌없이 주는 ▢▢ 덕분에 빨래가 보송보송 잘 말랐어.

해님 VS 햇님

 **힌트**

- 태양을 뜻하는 '해'에, 무언가를 사람처럼 여겨 높이거나 다정하게 부를 때 쓰는 '-님'이 붙어 만들어진 말이에요.
- 그래서 해를 사람처럼 여겨 높이거나 다정하게 부를 때 이 단어를 쓰지요.
- 토끼를 '토끼님'이라고 부를 수 있지만 '토낏님'이라고 부르지는 않아요.
- [해님]이라고 발음하고 소리 나는 대로 쓴답니다.

정답: 해님

 **함께 알기**

사람을 높여 부르기 위해 이름 뒤에 '님'을 붙이려면 '홍길동 님'처럼 띄어 써야 한답니다.

5월 18 — 비슷한 맞춤법

아빠가 큰 소리로 방귀를 뿅 ☐☐☐ 나를 손가락질하며 누명을 씌웠어.

끼더니 VS 뀌더니

힌트

끼다	뀌다
• 벌어진 사이에 무엇을 넣어 빠지지 않게 하거나, 팔이나 손을 서로 걸 때 사용하는 말이에요. • 안개나 연기가 서려 있거나, 때나 먼지가 엉겨 붙어 있는 상태를 뜻하기도 해요.	• 방귀를 몸 밖으로 내보낼 때 사용하는 말이에요. • [뀌다]라고 발음하고 소리 나는 대로 쓴답니다.

정답: 뀌더니

기억 꿀팁: '뀌다'를 [끼다]라고 읽는 친구들이 많아요. '뀌다'를 [뀌다]로 분명하게 발음하는 연습을 한다면 '방귀를 끼다'라고 잘못 쓰는 일은 없겠지요?

8월 15 | **사자성어**

뮤지컬이 시작되자 ☐☐☐☐으로 떠들던 아이들이 조용해졌어.

중구남방 VS 중구난방

 **힌트**
- 여러 사람의 말을 막기가 어렵다는 뜻으로, 막기 어려울 정도로 여럿이 마구 떠든다는 의미를 지니고 있어요.
- '중구'는 여러 사람의 입이라는 뜻이에요.
- '남방'은 남쪽 지방을 가리켜요.
- '난방'이라는 글자는 막기 어렵다는 뜻이 있어요.
- 한자로는 衆口難防(무리 중 / 입 구 / 어려울 난 / 막을 방)이라고 쓴답니다.

정답: 중구난방

 **함께 알기**

'중구난방'과 비슷한 말은 '선조와명'이에요. 매미와 개구리가 시끄럽게 운다는 뜻으로, 여럿이 모여 시끄럽게 떠든다는 의미이지요.

5월 19

외래어

전기 사고를 방지하기 위해, 강한 전류가 흐르면 녹아서 끊어지는 부품을 뜻하는 올바른 외래어 표기는?

그림에서 힌트를 찾고 정답을 확인해 봐요.

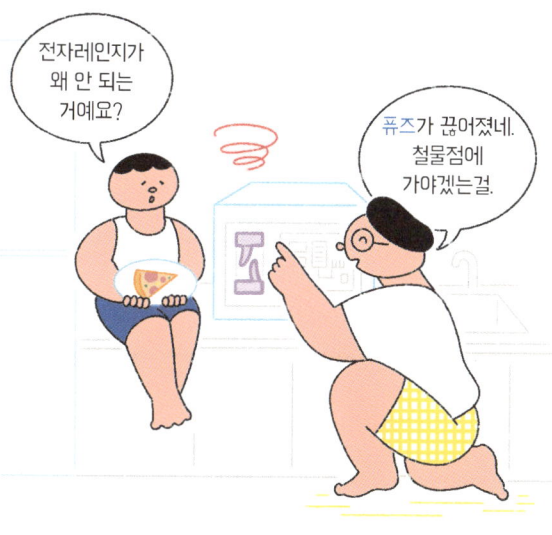

 영어로 'fuse'라고 써요. 그림 속 퓨즈가 끊어진 모양을 기억하면 퓨즈가 'ㅍ'으로 시작하는 것이 떠오르겠지요?

8월 14 — 비슷한 맞춤법

엄마는 엘사 드레스만 찾는 동생에게 ☐☐☐ 옷을 입어 달라고 사정했어.

문안한  무난한

힌트

문안하다	무난하다
• 웃어른께 안부를 여쭌다는 뜻이에요. • 물을 문(問), 편안할 안(安) 자를 쓰는 한자어예요.	• 어려움이 별로 없거나, 흠잡을 만한 점이 없다는 뜻이에요. • 없을 무(無), 어려울 난(難) 자를 쓰는 한자어랍니다.

정답: 무난한

 **함께 알기**

'사과 한 박스 정도는 OOO 들 수 있어.' 빈칸에 들어갈 말로 적당한 단어는 '문안히'와 '무난히' 중 어떤 것일까요? 없을 무(無), 어려울 난(難) 자를 쓰는 '무난히'겠지요?

글씨를 아무렇게나 함부로
써 놓은 모양을 뜻하는
괴발개발 **개발새발** 은
두 단어 모두 바른 맞춤법이에요.

8월 13 | **바른 맞춤법**

밥에 든 ☐☐☐을 골라내는 아빠는 나보다 더 어린애 같아!

강낭콩 VS 강남콩

 **힌트**
- 꼬투리 안에 열매가 조르르 들어 있는 식물 혹은 그 열매를 의미해요.
- 이것은 중국 양쯔강의 남쪽 지역에서 들여온 식물이에요.
- '강남에서 들여온 콩'이기 때문에 예전에는 '강남콩'이라고 부르기도 했어요.
- 하지만 지금은 [강낭콩]이라고 발음하고 소리 나는 대로 쓴답니다.

정답: 강낭콩

 **기억 꿀팁**
'강낭콩'의 받침은 'ㅇㅇㅇ'예요. 꼬투리 속에 콩알이 조르르 들어 있는 모양을 떠올린다면 틀리지 않고 쓸 수 있겠지요?

5월 21 바른 맞춤법

못에 찔렸는데 파상풍 주사를 ☐☐☐ 병원에 가야 한대.

맞으러 VS 맞으로

 **힌트**
- '맞다'는 어떤 힘의 영향으로 몸에 해를 입거나, 침이나 주사로 치료를 받을 때 사용하는 말이에요.
- 그 행동을 하기 위해 어딘가로 움직인다는 뜻을 더하고 싶다면 '-으러'를 써요.
- 그래서 '-으러'는 '찾다, 잡다, 맞다'처럼 움직임을 나타내는 단어와 어울려 쓰이지요.
- '-으로'도 움직임의 방향을 나타내기는 하지만, 움직임을 나타내는 단어와 어울려 쓰이지 않는답니다.

정답: 맞으러

 **기억 꿀팁**
글자로만 볼 때는 '맞으러'와 '맞으로'가 헷갈릴 수 있지만, 소리 내서 읽어 보면 정답을 쉽게 알 수 있어요. [마즈로]라고 발음하는 친구는 아마 없을걸? [마즈러]가 바른 발음이랍니다.

8월 12 — 복수 표준어

소의 고기를 뜻하는 쇠고기 소고기 는 두 단어 모두 바른 맞춤법이에요.

5월 22

비슷한 맞춤법

할머니가 ☐☐ 주신 쓴 보약을 코를 쥐어 잡고 꿀꺽 삼켰어.

다려 VS 달여

힌트

다리다	달이다
• 옷이나 천의 구김살을 펴기 위해 다리미 등으로 문지른다는 뜻이에요. • 비슷한 말은 '펴다'예요.	• 액체를 끓여 진하게 만들거나, 약재에 물을 넣고 푹 끓인다는 뜻이에요. • 비슷한 말은 '졸이다, 끓이다' 랍니다.

정답 - 달여

기억 꿀팁: '다리미, 다리미판, 다리미질' 모두 '다리'로 시작하는 걸 보면 '다리다'도 옷을 다릴 때만 쓸 수 있다는 사실을 알 수 있어요. 그러니까 약을 다리면 안 되겠지요?

8월 11 · **외래어**

우유에 향료나 아이스크림 등을 넣고 휘저어 만든 차가운 음료를 가리키는 올바른 외래어 표기는?

밀크쉐이크 VS 밀크셰이크

그림에서 힌트를 찾고 정답을 확인해 봐요.

 영어로 'milkshake'라고 써요. '셰프의 추천 음료 밀크셰이크'라는 문장으로 기억해 봐요!

5월 23 | **사자성어**

동생이 멋있는 척하며 춤을 출 때마다 온 가족이 ☐☐☐☐한다니까!

포복졸도 VS 포복절도

 **힌트**
- 배를 부둥켜안고 넘어질 정도로 몹시 웃는다는 의미를 지니고 있어요.
- '포복'은 배를 부둥켜안고 웃는다는 뜻이에요.
- '졸도'는 갑자기 정신을 잃고 쓰러진다는 뜻이에요.
- '절도'는 까무러쳐 넘어질 정도로 웃는다는 뜻이지요.
- 한자로는 抱腹絕倒(안을 포 / 배 복 / 끊을 절 / 넘어질 도)라고 쓴답니다.

정답: 포복절도

 **함께 알기**
소리를 내 크게 웃는 '가가대소', 손뼉을 치며 크게 웃는 '박장대소', 매우 즐거운 표정으로 활짝 웃는 '파안대소'도 함께 알아두세요.

8월 10일

비슷한 맞춤법

새로 나온 게임기가 □□ 싶어서 몸살이 날 지경이야.

갖고 **같고**

힌트

갖다	같다
· 물건을 손에 쥐거나 몸에 지닐 때 사용하는 말이에요. · 직업을 갖거나, 모임을 갖거나, 흥미를 가질 수도 있지요.	· 서로 다르지 않다는 뜻을 지니고 있어요. · 어떤 일이 일어나리라 예상할 때 쓸 수도 있답니다.

정답: 갖고

 **기억 꿀팁** '갖다'는 '가지다'가 줄어든 말이기 때문에 'ㅈ' 받침을 쓴답니다.

5월 24 **바른 맞춤법**

어제와 오늘 ☐☐ 연속으로 카레를 먹었더니 조금 질려.

이틀 VS 2틀

 힌트
- 하루가 두 번 있는 시간의 길이를 뜻하는 순우리말이에요.
- 그 달의 둘째 날을 뜻하기도 해요.
- 이와 비슷한 말은 '양일'이에요.
- '하루'를 '1루'라고 쓰지 않듯 이 단어에도 숫자가 들어가지 않는답니다.

정답: 이틀

 함께 알기

날짜를 세는 순우리말들을 함께 알아두도록 해요. 특히 '3일'이 '사흘'이라는 점을 눈여겨보세요!

1일	2일	3일	4일	5일
하루	이틀	사흘	나흘	닷새
6일	7일	8일	9일	10일
엿새	이레	여드레	아흐레	열흘

8월 09 바른 맞춤법

인형의 집 ☐☐을 조립하는 일이 쉽지는 않겠지만, 서너 시간 ☐☐으로 완성할 수 있을 거야.

안밖 VS **안팎**

 힌트
- 안과 밖을 의미하는 말이에요.
- 어떤 수량이나 기준보다 조금 모자라거나 넘치는 정도를 뜻하기도 해요.
- 이와 비슷한 말은 '내외'예요.
- [안팍]으로 발음한답니다.

정답: 안팎

 함께 알기

수컷 강아지를 뜻하는 말은 '수강아지'가 아니라 '수캉아지'고, 살로만 된 고기를 뜻하는 말은 '살고기'가 아니라 '살코기'라는 사실도 함께 알아두세요!

5월 25일 — 비슷한 맞춤법

키가 크려면 □□□ 해야 하는지 검색해 봤더니 골고루 먹어야 한대.

어떻게 VS 어떡해

힌트

어떻게	어떡해
• '어떻게'는 '어찌'와 비슷한 말이라고 생각하면 쉬워요. • '어떻게'는 문장의 맨 마지막 자리에는 쓰지 않아요.	• '어떡해'는 '어쩌지'와 비슷한 말이라고 생각하면 쉬워요. • '어떡해'는 문장의 맨 마지막 자리에 쓴답니다.

정답: 어떻게

기억 꿀팁: '어떻게'를 '어떻해'로, '어떡해'를 '어떡게'로 쓰면 안 돼요! 'ㅎ' 받침 뒤에 곧바로 'ㅎ'이 오지 않고, 'ㄱ' 받침 뒤에 곧바로 'ㄱ'이 오지 않는다고 기억해 보세요.

8월 08 | **사자성어**

우리 집 강아지는 유기견이었지만, 지금은 □□□□하고 있어.

호위호식 VS 호의호식

 **힌트**
- 좋은 옷을 입고 좋은 음식을 먹으며 풍요롭게 지낸다는 의미를 지니고 있어요.
- '호위'는 따라다니며 곁에서 보호하고 지킨다는 뜻이에요.
- '호의'는 좋은 옷이라는 의미예요.
- '호식'은 좋은 음식이라는 뜻이랍니다.
- 한자로는 好衣好食(좋을 호 / 옷 의 / 좋을 호 / 밥 식)이라고 쓴답니다.

정답: 호의호식

 **함께 알기**
'호의호식'의 반대말은 '악의악식'이에요. 허름한 옷을 입고 맛없는 음식을 먹는다는 뜻이지요.

5월 26

외래어

기름에 지지거나 튀긴 음식을 뜻하는 올바른 외래어 표기는?

후라이 VS 프라이

그림에서 힌트를 찾고 정답을 확인해 봐요.

 영어로 'fry'라고 써요. '프라이팬으로 만든 계란 프라이'라는 문장으로 기억해 봐요!

8월 07 — 비슷한 맞춤법

집에 오는 길에 분식집에 잠깐 ☐☐☐ 빨간 어묵을 사 먹었어.

들러서 VS 들려서

힌트

들르다	들리다
• 지나가는 길에 잠깐 들어가 머무른다는 뜻이에요. • '들러서, 들르니, 들르고' 등으로 활용할 수 있어요	• 귀를 통해 소리를 듣게 되거나, 아래에 있는 것이 위로 올려진다는 뜻이에요. • '들려서, 들리니, 들리고' 등으로 활용할 수 있답니다.

정답 : 들러서

기억 꿀팁

'들르다'를 써야 할 자리에 '들리다'를 쓰는 친구들이 많다 보니 [들르다]라는 발음이 낯설게 느껴질 수도 있어요. 오늘 하루, 틈날 때마다 '들르다'라는 단어를 소리 내 말하며 입에 착! 붙여 보세요.

5월 27

복수 표준어

토할 것같이 속이 울렁거리는 느낌을 뜻하는 매스껍다 메스껍다 는 두 단어 모두 바른 맞춤법이에요.

8월 06 바른 맞춤법

이를 닦으라고 ☐☐하는
엄마를 피해 이불 속으로 숨었어.

닦달 VS 닥달

힌트
- 다른 사람을 심하게 윽박질러 혼낸다는 뜻이 있어요.
- 이와 비슷한 말은 '나무라다'예요.
- 이것은 '닦다'에서 뻗어져 나온 말이에요.
- '닦다'는 이를 닦거나 눈물을 닦을 때 쓰는 말이지만, 심하게 나무랄 때도 쓴답니다.

정답: 닦달

기억 꿀팁
'닦달'을 틀리지 않게 쓰려면 '닦다'의 받침이 'ㄲ'이라는 사실부터 알아야겠지요? '이를 닦으라고 닦달하다'라는 문장으로 기억해 봐요.

5월 28 바른 맞춤법

"언니, 나 아이스크림 좀 꺼내 □!"
동생의 부탁에 냉동실 문을 열었어.

줘 VS 죠

힌트
- 이것은 '주다'를 활용한 말인 '주어'가 줄어든 말이에요.
- '주다'는 무언가를 남이 가지도록 건네거나 베푼다는 뜻이지요.
- [죠]라고 말하는 친구들이 많지만 [줘]라고 발음해야 해요.
- 소리 나는 그대로 쓴답니다.

정답: 줘

함께 알기
'사죠, 해죠, 놀아죠'도 금지! '사 줘, 해 줘, 놀아 줘'로 바르게 쓰도록 해요.

다른 물건을 감아 오르거나 땅바닥으로 뻗어 나가는 식물의 줄기를 뜻하는 넝쿨 덩굴 은 두 단어 모두 바른 맞춤법이에요.

5월 29 — 비슷한 맞춤법

아빠를 졸라 탕후루를 사러 갔는데 아쉽게도 문이 ☐☐ 있었어.

다쳐 VS 닫혀

 힌트

다치다	닫히다
• 부딪치거나 맞아서 상처가 생겼을 때 사용하는 말이에요. • 비슷한 말은 '부상당하다'예요.	• 열려 있던 문이나 뚜껑이 도로 제자리로 가 막힐 때 사용하는 말이에요. • 반대말은 '열리다'랍니다.

정답 - 닫혀

 **기억 꿀팁**

옆으로 밀어서 열고 닫는 문을 '미닫이문'이라고 해요. 엘리베이터 문을 닫는 버튼에도 '닫힘'이라고 쓰여 있지요. 문과 관련된 단어에는 모두 '닫' 자가 들어간다는 사실을 눈여겨보세요!

8월 04 외래어

시간에 따라 구체적으로 세운 계획이나 그 계획표를 뜻하는 올바른 외래어 표기는?

스케줄 VS 스케쥴

그림에서 힌트를 찾고 정답을 확인해 봐요.

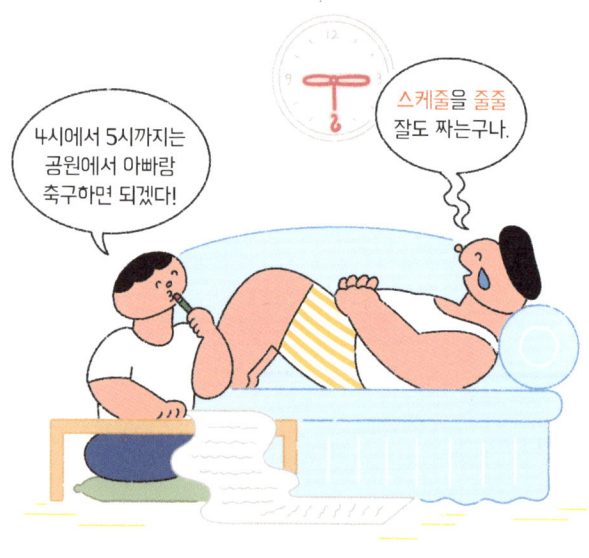

4시에서 5시까지는 공원에서 아빠랑 축구하면 되겠다!

스케줄을 줄줄 잘도 짜는구나.

 영어로 'schedule'이라고 써요. '스케줄을 줄줄 짠다'라는 문장으로 기억해 봐요!

5월 30일

사자성어

담임 선생님 ☐☐☐☐를 했더니 친구들이 배를 잡고 깔깔 웃었어.

성대묘사 VS 성대모사

 **힌트**
- 다른 사람의 목소리나 동물의 소리를 흉내 내는 일을 의미해요.
- '성대'는 소리를 내는 기관이에요.
- '묘사'는 무언가를 글이나 그림으로 표현할 때 쓰는 말이에요.
- '모사'는 무언가를 똑같이 흉내 낼 때 쓰는 말이에요.
- 한자로는 聲帶模寫(소리 성 / 띠 대 / 본뜰 모 / 베낄 사)라고 쓴답니다.

정답: 성대모사

 **기억 꿀팁**
실물을 모방하여 똑같이 만든 물건을 '모형'이라고 해요. 그러니까 성대를 흉내 내 똑같이 표현하는 것도 '성대모사'가 맞겠지요?

8월 03 비슷한 맞춤법

유리창을 ☐☐ 버릴 것처럼 태풍이 매섭게 몰아치고 있어.

부숴  **부셔**

힌트

부수다	부시다
• 물체를 두드리거나 깨뜨릴 때 사용하는 말이에요. • '부숴, 부쉈어, 부수니' 등으로 활용해요.	• 빛이나 색채가 강렬해서 바라보기 어려울 때 사용하는 말이에요. • '부셔, 부셨어, 부시니' 등으로 활용한답니다.

정답: 부숴

함께 알기

물체가 깨졌을 때는 '부서지다'라고 써야 해요. '부수다'가 활용된 말이니 '부숴지다'가 맞는 말처럼 느껴질 거예요. 하지만 '부서지다'라고 말하는 사람이 훨씬 많아 이것이 표준어가 되었답니다.

5월 31 / **바른 맞춤법**

시금치는 맛있다고 엄마가 하도 □□를 해서인지 정말 그렇게 느껴져.

세뇌 VS 쇠뇌

 **힌트**
- 다른 사람의 머릿속에 있던 생각을 씻어내고 새로운 생각을 집어넣는 일을 뜻해요.
- 이와 비슷한 말은 '주입'이에요.
- 영어로는 brainwashing이라고 쓰는데, 뇌를 씻는다는 뜻이지요.
- 한자로는 洗腦(씻을 세 / 골 뇌)라고 쓴답니다.

정답: 세뇌

 **기억 꿀팁**
'세뇌'와 같은 '세' 자를 쓰는 단어는 '세수, 세탁, 세척, 세제' 등이 있어요. 모두 씻는다는 뜻을 지니고 있네요. 이 단어들과 세뇌를 함께 묶어 기억하면 틀릴 일이 없겠지요?

8월 02 · 바른 맞춤법

☐☐☐에서 사 먹는 맥반석 오징어구이가 제일 맛있어.

휴계소 VS 휴게소

 **힌트**
- 길을 가는 사람들이 잠깐 머물러 쉴 수 있도록 마련해 놓은 장소를 말해요.
- 어떤 일을 하다가 잠깐 쉬는 시간은 '휴게 시간'이라고 해요.
- 잠깐 머물러 쉴 수 있도록 마련해 놓은 방은 '휴게실'이라고 해요.
- 쉴 휴(休), 쉴 게(憩), 바 소(所) 자를 쓰는 한자어랍니다.

정답: 휴게소

 **기억 꿀팁**
아주 오래전 시청했던 어린이 방송에서, "휴~" 한숨을 내쉬며 길을 걷던 '게'와 '소'가 휴게소로 들어가는 인형극을 봤어요. 어른이 된 지금까지도 그 모습이 생생해 절대로 이 단어가 헷갈리지 않는답니다!

6월

• JUNE •

8월 01 — 사자성어

놀이터에서 매일 만나던 친구가 독서에 푹 빠지더니 ☐☐☐☐이야.

두문불출 VS 두문분출

 **힌트**

- 바깥에 전혀 나가지 않고 집안에만 틀어박혀 있다는 의미예요.
- '두문'은 밖으로 나가지 않으려고 방문을 닫아 막는다는 뜻이에요.
- '불출'은 밖으로 나가지 않는다는 뜻이랍니다.
- '분출'은 액체나 기체 등이 뿜어져 나온다는 말이에요.
- 한자로는 杜門不出(막을 두 / 문 문 / 아닐 불 / 날 출)이라고 쓴답니다.

정답: 두문불출

 **함께 알기**

'두문불출'의 반대말은 '동분서주'예요. 동쪽으로 뛰고 서쪽으로 뛴다는 뜻으로, 이리저리 몹시 바쁘게 돌아다닌다는 의미이지요.

6월 01 — 비슷한 맞춤법

내가 ☐☐ 돈이라고는 백 원짜리 동전 서너 개뿐이었어.

가진 VS 갖은

힌트

가진	갖은
• '가지다'를 활용한 말로 무언가를 몸에 지니고 있거나, 생각을 마음에 품고 있을 때 사용해요. • 비슷한 말은 '지닌'이에요.	• '골고루 다 갖춘' 또는 '여러 가지의'라는 뜻이 있어요. • 비슷한 말은 '온갖'이랍니다.

정답: '가진'

기억 꿀팁: '갖은'을 쓴 자리에 '온갖'을 넣어 다시 읽어 보세요. 문장이 자연스럽다면 제대로 썼다는 뜻이고, 부자연스럽다면 틀리게 쓴 거랍니다.

8월

· AUGUST ·

6월 02 외래어

토마토 같은 채소를 끓여 걸러낸 것에 설탕, 소금 등을 넣어 만든 소스를 뜻하는 올바른 외래어 표기는?

케찹 VS 케첩

그림에서 힌트를 찾고 정답을 확인해 봐요.

 영어로 'ketchup'이라고 써요. '감자튀김 옆에 케첩이 없으면 섭섭하지'라는 문장으로 기억해 봐요!

7월 31 — 비슷한 맞춤법

☐☐의 사람들은 닭 다리를 좋아하지만, 나는 닭 가슴살이 더 좋아.

대개 VS 대게

힌트

대개	대게
• '거의 전부'를 의미하는 말이에요. • 비슷한 말은 '대부분, 대다수, 십중팔구'예요.	• 다리 마디가 대나무처럼 생긴 게로, 동해안에 살아요. • 경상북도 영덕에서 많이 나기 때문에 '영덕게'라고 부르기도 한답니다.

정답: 대개

기억꿀팁: '대개'와 비슷한 말은 '십중팔구'예요. 열 가운데 여덟이나 아홉이라는 뜻으로, 거의 대부분이거나 틀림없다는 뜻을 지니고 있답니다.

6월 03 복수 표준어

성나거나 못마땅해서 마음이 토라짐을 뜻하는 삐치다 삐지다 는 두 단어 모두 바른 맞춤법이에요.

7월 30 | **바른 맞춤법**

엄마는 내가 말썽을 부릴 때마다 □□에 걸릴 것 같대.

화병 **홧병**

 **힌트**
- 분하고 답답한 마음을 가라앉히지 못해 생긴 병을 말해요.
- 이와 비슷한 말은 '울화병'이에요.
- 한자로는 火病(불 화 / 병 병)이라고 써요.
- 한자와 한자가 만나 만들어진 단어 사이에는 'ㅅ' 받침을 쓰지 않는답니다.

정답: 화병

 **함께 알기**

그런데 한자와 한자 사이에 'ㅅ' 받침이 들어가는 몇몇 단어가 있어요. 횟수(回數 돌아올 회 / 셈 수), 숫자(數字 셈 수 / 글자 자), 곳간(數字 곳 집 고 / 사이 간)이랍니다.

6월 04 바른 맞춤법

미루고 미루던 숙제를 해야 할 때가 다가오고 □□을 느끼고 있어.

있음 VS 있슴

 힌트
- '있다'는 '나는 학교에 있다'처럼 어느 곳에 머물 때 사용하는 말이에요.
- '함께 있다'처럼 어떤 상태를 계속 유지할 때도 사용해요.
- '다가오고 있다'처럼 어떤 일이 이루어지거나 벌어질 계획일 때도 쓰지요.
- '먹다'를 '먹음'이라고도 하듯이 '있다' 뒤에도 '-음'을 붙여 활용할 수 있답니다.

정답 - 있음

 함께 알기

'없다' 역시 '없슴'이 아니라 '없음'으로 활용한다는 사실도 함께 알아두면 좋겠죠?

7월 29

복수 표준어

물건의 사이가 여기저기 떠서
빈 곳이 많음을 뜻하는
성글다 성기다 는
두 단어 모두 바른 맞춤법이에요.

6월 05 비슷한 맞춤법

입가에 짜장 소스를 ☐☐ 줄도 모르고 있다가 친구에게 놀림을 당했어.

무친 VS **묻힌**

무치다	묻히다
• 갖은 양념을 넣고 골고루 뒤섞을 때 사용하는 말이에요. • 비슷한 말은 '버무리다'예요.	• 가루나 액체를 어딘가에 들러붙게 하거나 흔적을 남길 때 사용하는 말이에요. • 비슷한 말은 '바르다'랍니다.

정답: 묻힌

함께 알기 이 밖에도 '묻히다'에는 많은 뜻이 있어요. 타임캡슐이 땅속에 묻힐 수도 있고, 비밀이 가슴속에 묻힐 수도 있고, 온 동네가 벚꽃에 묻힐 수도 있지요. 이번 기회에 사전을 살펴볼까요?

7월 28 **외래어**

다져서 양념한 고기를 돼지 창자에 채워 넣은 음식을 뜻하는 올바른 외래어 표기는?

소세지 VS 소시지

그림에서 힌트를 찾고 정답을 확인해 봐요.

난 반찬 중에 줄줄이 소시지가 제일 좋아.

우아, 진짜 길다!

영어로 'sausage'라고 써요. 줄줄이 소시지의 기다란 모양이 'ㅣ'자와 닮았으니 '소시지'라고 기억해 봐요!

6월 06 사자성어

화장실에 휴지가 없어서 ☐☐☐☐에 빠져버리고 말았어.

사면초과 VS 사면초가

힌트

- 사면에서 들려오는 초나라의 노래라는 뜻으로, 아무에게도 도움을 받지 못하는 곤란한 상태를 나타내는 말이에요.
- '사면'은 앞과 뒤, 왼쪽과 오른쪽을 가리키는 말이에요.
- '초과'는 일정한 수나 정도를 넘었다는 뜻이에요.
- '초가'라는 글자는 '초나라의 노래'라는 뜻이 있어요.
- 한자로는 四面楚歌(넉 사 / 낯 면 / 초나라 초 / 노래 가)라고 쓴답니다.

정답_사면초가

함께 알기

옛날, 중국 초나라의 왕이 사면을 둘러싼 한나라 군사 쪽에서 들려오는 초나라의 노래(歌, 노래 가)를 듣고 "우리 군사들이 항복했구나!" 하며 놀랐다는 데서 유래된 사자성어랍니다.

7월 27 — 비슷한 맞춤법

가루약을 물에 ☐☐ 아빠와 먹기 싫어
고개를 ☐☐ 나를 보며, 동생이 웃었어.

젓는 VS 젖는

힌트

젓다	젖다
• 액체나 가루가 잘 섞이도록 손이나 기구로 이리저리 돌린다는 뜻이에요. • 싫다는 표시로 머리나 손을 좌우로 흔들 때도 쓸 수 있어요.	• 물이 배어 축축하게 되었다는 뜻이에요. • 어떤 영향을 받아 버릇이나 태도가 몸에 배었을 때도 쓸 수 있답니다.

정답: 젓는, 젓는

 **기억 꿀팁**

'젓다'는 '젓어, 젓어서, 젓었다'로 활용할 수 없어요. '저어, 저어서, 저었다'가 바른말이라는 사실도 함께 기억해 두세요!

6월 07 바른 맞춤법

용돈을 계획 없이 썼더니 금세 ☐☐☐☐가 됐어.

빈털털이 VS 빈털터리

힌트

- 재산을 다 없애고 아무것도 남지 않은 가난뱅이를 의미해요.
- 이 단어를 줄여 '털터리'라고 하기도 해요.
- '털털이'는 성격이나 하는 짓이 까다롭지 않고 소탈한 사람을 뜻하는 말이에요.
- [빈털터리]라고 발음하고 소리 나는 대로 쓴답니다.

정답 : 빈털터리

함께 알기

'털이'로 끝나는 것 같지만 그렇지 않은 단어들이 몇 개 더 있어요. '먼지털이'는 '먼지떨이', '재털이'는 '재떨이'로 써야 옳답니다.

7월 26 **바른 맞춤법**

사탕을 마음껏 가져가도 된다는 친구의 말에 한 ☐☐ 집어 들었어.

움큼  **웅큼**

힌트
- 한 손에 움켜쥘 만한 분량을 세는 단위를 뜻해요.
- 이와 비슷한 말은 '주먹'이에요.
- 손가락을 우그려 손안에 꽉 잡고 놓지 않는다는 말은 '움켜쥐다'예요.
- 손가락을 우그려 힘 있게 꽉 잡는다는 말은 '움켜잡다'랍니다.

정답: 움큼

기억 꿀팁
무언가를 한 손에 움켜쥘 만한 분량을 세는 단위를 '움큼'이라고 했지요? '움켜쥐다'와 '움큼'은 모두 '움' 자를 사용한다는 공통점이 있으니 함께 묶어 기억해 봐요!

6월 08 - 비슷한 맞춤법

앞머리가 자꾸 눈을 가려서 머리핀을 □□ 고정했어.

꼽아 VS 꽂아

꼽다	꽂다
• 수나 날짜를 세려고 손가락을 꼬부린다는 뜻이에요.	• 쓰러지거나 빠지지 않게 박아 세운다는 뜻이에요.
• 비슷한 말은 '헤아리다'예요.	• 비슷한 말은 '끼우다'랍니다.

정답: 꽂아

기억 꿀팁: 책이 쓰러지지 않도록 세워서 끼워 두는 물건을 '책꽂이'라고 해요. 책꽂이를 떠올린다면 '꽂다'가 지닌 의미도 자연스레 알 수 있지요?

7월 25 — 사자성어

방학 내내 ☐☐☐☐한 끝에 물구나무서기를 성공했어!

고분분투 VS 고군분투

힌트
- 힘에 벅찬 일을 다른 사람의 도움을 받지 않고 잘해낸다는 의미를 지니고 있어요.
- '고분'은 고대, 즉 옛 시대에 만들어진 무덤을 뜻해요.
- '고군'은 따로 떨어져 도움을 받지 못하게 된 군대나 군인을 의미해요.
- '분투'는 힘껏 싸우거나 노력한다는 뜻이에요.
- 한자로는 孤軍奮鬪(외로울 고 / 군사 군 / 떨칠 분 / 싸울 투)라고 쓴답니다.

정답: 고군분투

함께 알기
'고군분투'와 비슷한 말은 '악전고투'예요. 매우 어려운 조건을 무릅쓰고 힘을 다하여 고생스럽게 싸운다는 뜻이랍니다.

6월 09 외래어

박처럼 둥글고 푸른 빛깔을 띠는, 서양에서 들어온 참외를 뜻하는 올바른 외래어 표기는?

멜론 VS 메론

그림에서 힌트를 찾고 정답을 확인해 봐요.

 영어로 'melon'이라고 써요. '멜론 스멜즈 굿!'이라는 문장으로 기억해 봐요!

7월 24일 — 비슷한 맞춤법

새로 이사온 집에서 학교까지는 ☐ 멀지만 걸어 다닐 만해.

꾀 VS 꽤

힌트

꾀	꽤
• 일을 잘 꾸미거나 해결해 나가는 묘한 방법을 뜻해요. • 비슷한 말은 '계략'이에요.	• '보통보다 조금 더'라는 뜻이에요. • 비슷한 말은 '제법'이랍니다.

정답: 꽤

함께 알기

거짓으로 병을 앓는 체하는 짓을 '꾀병'이라고 해요. 속이 훤히 들여다보이는 얕은꾀는 '잔꾀'라고 한답니다.

정답게 이야기하거나 사이좋게 지내는 모양을 나타내는 오순도순 오손도손 은 두 단어 모두 바른 맞춤법이에요.

7월 23일 바른 맞춤법

친구의 까까머리를 살짝 □□□는데
내 행동이 친구의 신경을 □□□나 봐.

건드렸 VS 건들였

 **힌트**
- 조금 움직일 만큼 손으로 만지거나 무엇으로 댈 때 쓸 수 있는 말이에요.
- 말이나 행동으로 다른 사람의 마음을 상하게 했을 때도 쓸 수 있어요.
- '건드리다'를 줄여서 '건들다'라고 말할 수 있어요.
- '건들다'는 '건들여, 건들인, 건들였는데' 등으로 활용할 수 없답니다.

정답: 건드렸

 **기억 꿀팁**
'건드리다'처럼 줄어들지 않은 본래의 말은 마음껏 활용할 수 있어요.
맞춤법을 틀릴까 봐 걱정된다면 '건드리다'를 활용해서 말해 보세요!

6월 11 - 바른 맞춤법

장마는 보통 ☐☐ 말에 시작하는데 벌써 추적추적 비가 내리고 있어.

육월 VS 유월

 **힌트**
- 한 해 열두 달 가운데 여섯째 달을 나타내는 말이에요.
- 6월에 익는 검붉은 복숭아를 '유월도'라고 해요.
- [유궐]은 발음하기 어렵기 때문에 [유월]이라고 쉽게 읽어요.
- 소리 나는 그대로 쓴답니다.

정답: 유월

 **함께 알기**

10월은 [시윌]이 아니라 [시월]로 쉽게 발음해요. 이 역시 '유월'처럼 소리 나는 대로 쓴답니다.

7월 22 복수 표준어

행동이 느리거나 게으른 사람을 놀릴 때 쓰는 말인 늘보 느림보 는 두 단어 모두 바른 맞춤법이에요.

6월 12 | **비슷한 맞춤법**

친구 생일을 ☐☐서 미안해하는 내게, 괜찮으니 ☐☐버리라고 친구가 말했어.

잊어  잃어

힌트

잊다	잃다
• 알았던 것을 기억하지 못할 때 사용하는 말이에요. • 좋지 않은 지난 일을 마음속에 두지 않을 때도 쓸 수 있어요.	• 가졌던 물건이 없어져 그것을 더는 갖지 않게 되었을 때 사용하는 말이에요. • 사람과 헤어지거나, 기회나 감정이 사라졌을 때도 쓰지요.

정답 - 잊어

기억 꿀팁 '잊다'는 기억과 관련된 말이라고 생각하면 쉬워요. 기억과 관련이 없다면 '잃다'를 쓰면 되겠지요?

7월 21 **외래어**

얼굴은 하얗고 귀와 눈 주변은 검은, 주로 대나무를 먹는 포유류를 가리키는 올바른 외래어 표기는?

팬더 VS 판다

그림에서 힌트를 찾고 정답을 확인해 봐요.

 영어로 'panda'라고 써요. '판다가 대나무를 판다!'라는 문장으로 기억해 봐요!

6월 13 | **사자성어**

좋아하는 아이돌이 ☐☐☐☐ 때문에 휴식이 필요하다는 소식을 들었어.

공항장애 VS 공황장애

 **힌트**
- 아무 이유도 없이 갑자기 불안함을 느끼는 병을 말해요.
- '공항'은 비행기가 이륙 및 착륙을 할 수 있도록 시설을 갖춘 곳이에요.
- '공황'은 두려움이나 공포 때문에 갑자기 불안해지는 상태를 의미해요.
- '장애'는 몸이나 정신이 제 기능을 하지 못하는 상태예요.
- 한자로는 恐慌障礙(두려울 공 / 어리둥절할 황 / 막을 장 / 거리낄 애)라고 쓴답니다.

정답: 공황장애

 **기억꿀팁**
인천공항이나 김포공항에서는 비행기를 타요. 공항은 비행기와 관련된 말이니 '공항장애'가 아닌 '공황장애'로 써야겠지요?

7월 20 — 비슷한 맞춤법

멋진 모래성을 ☐☐ 기뻐했지만, 금세 파도에 무너져 울상을 ☐☐ 말았어.

짖고  VS 짓고

힌트

짖다	짓다
• 개가 크게 소리를 낸다는 뜻이에요. • 비슷한 말은 '멍멍대다, 컹컹대다'예요.	• 재료를 들여 무언가를 만든다는 뜻이에요. • 글을 짓거나, 표정을 짓거나, 매듭을 짓거나, 마무리를 짓기도 하지요.

정답: 짓고

기억 꿀팁

개가 짖을 때를 빼고는 모두 '짓다'라고 쓴다고 기억해 보세요!

6월 14일 - 바른 맞춤법

밥을 ☐☐☐ 먹을 거냐는 아빠의 물음에 "엄청 많이요!" 하고 대답했어.

얼마큼 VS 얼만큼

힌트
- '얼마'는 잘 모르는 수량이나 정도를 나타내는 말이에요.
- '만큼'이 단어 뒤에 붙으면 '거의 같은 정도'라는 뜻이 더해져요.
- '얼마'와 '만큼'을 합쳐 '얼마만큼'이라고 하는데 이를 줄여서 말할 수도 있어요.
- '얼마만큼'에서 '만' 자를 빼고 말해 보세요.

정답: 얼마큼

함께 알기
'그만큼'은 '그'와 '만큼'이 합쳐진 말이라 '그만큼'이라고 써요. '이만큼'도 '이'와 '만큼'이 합쳐진 말이라 '이만큼'이라고 쓴답니다.

7월 19 바른 맞춤법

동생이 ☐☐☐을 물며 날뛰는 이유는 내가 꽃게랑을 몰래 다 먹어서야.

개거품 VS 게거품

 힌트
- 몹시 괴롭거나 흥분했을 때 입에서 나오는 거품 같은 침을 의미해요.
- 게가 뿜어내는 거품 모양의 침을 뜻하기도 하지요.
- 게가 거품을 뿜는 이유는 숨쉬기가 괴롭기 때문이에요.
- 그래서 몹시 괴롭거나 흥분했을 때 입에서 나오는 거품도 이것이라고 표현하게 되었답니다.

정답: 게거품

 함께 알기

게는 아가미로 숨을 쉬는데 아가미는 항상 젖어 있어야 해요. 육지에서는 아가미의 수분을 거품으로 보호하기 때문에 게의 입에서 거품이 뿜어져 나온대요. 이 상태가 계속되면 게는 숨을 쉬지 못해 결국 죽는답니다.

6월 15 | 비슷한 맞춤법

화장실 거울을 □이 나게 닦았더니 엄마가 얼굴에 기쁜 □을 띠었어.

빚 VS 빛

힌트

빚	빛
• 다른 사람에게 갚아야 할 돈을 말해요. • 갚아야 할 은혜를 뜻하기도 하지요.	• 태양이나 물건에서 뿜어져 나오는 밝은 것을 말해요. • 표정이나 몸가짐에서 드러나는 분위기를 뜻하기도 해요.

정답: 빛, 빛

기억 꿀팁 — 두 단어의 받침이 헷갈리면 소리내 읽어 보세요. '빚이, 빚을, 빚은'은 [비지], [비즐], [비즌]으로 발음하니 'ㅈ' 받침을 사용할 테고, '빛이, 빛을, 빛은'은 [비치], [비츨], [비츤]으로 발음하니 'ㅊ' 받침을 사용하겠지요?

7월 18 사자성어

여름엔 숙박비가 ☐☐☐☐로 치솟아서 우리는 가을에 여행 가기로 했어.

천장부지 VS 천정부지

 힌트

- 천장을 알지 못한다는 뜻으로, 물건값 같은 것이 자꾸 오르기만 할 때 사용하는 말이에요.
- '천장'은 각 방의 위쪽 부분이나 지붕의 안쪽을 뜻하는 말이에요.
- '천정'은 '천장'을 잘못 쓴 말이에요.
- '부지'는 알지 못한다는 뜻이랍니다.
- 한자로는 天井不知(하늘 천 / 우물 정 / 아닐 부 / 알 지)라고 쓴답니다.

정답 - 천정부지

 함께 알기

'천정'은 틀린 말인데 어째서 '천정부지'가 바른 말일까요? 예전에는 '천정'과 '천장' 모두 바른 말이었다고 해요. 그래서 '천정부지'라는 말도 사용했지요. 어법에는 조금 맞지 않더라도, 사람들이 많이 사용하는 말이라면 표준어로 인정해 준답니다.

6월 16 | **외래어**

맵고 향기로운 서양 겨자, 또는 그 열매로 만든 소스를 뜻하는 올바른 외래어 표기는?

머스터드 VS 머스타드

그림에서 힌트를 찾고 정답을 확인해 봐요.

 영어로 'mustard'라고 써요. '허니'와 '머스터드'에는 모두 'ㅓ'가 들어가니 함께 묶어 기억해 봐요!

7월 17 - 비슷한 맞춤법

빨리 밥을 먹고 싶은데 생선이 아직 싱거워서 조금 더 ☐☐☐ 한대.

조려야 VS **졸여야**

힌트

조리다	졸이다
• 고기, 생선, 채소 등에 국물을 넣고 끓여 간이 배어들게 한다는 뜻이에요. • 조려서 만든 음식을 '조림'이라고 해요.	• 찌개, 국, 한약 등을 끓여 물의 양을 적어지게 한다는 뜻이에요. • 비슷한 말은 '달이다'랍니다.

정답 : 조려야

기억 꿀팁: 간장에 소고기를 넣고 조린 반찬을 '장조림'이라고 해요. 이것을 '장졸임'이라고 말하는 친구는 없겠지요? '조림'은 '조리다'에서 온 말이라는 사실을 떠올린다면 '졸이다'와 헷갈리지 않을 거예요!

6월 17

복수 표준어

귓불에 다는 장식품을 뜻하는
`귀걸이` `귀고리` 는
두 단어 모두 바른 맞춤법이에요.

7월 16 바른 맞춤법

동생의 ☐☐☐☐ 농담에 콧방귀조차 나오지 않았어.

시답잖은 VS 시덥잖은

힌트
- 시시해서 만족스럽지 못하다는 뜻이 있어요.
- 이와 비슷한 말은 '못마땅하다'예요.
- 이 단어의 첫 글자인 '시'는 '열매 실(實)' 자를 쓰는데 [시]로 발음해요.
- 이것은 '시답지 않다'가 줄어든 말이랍니다.

정답: 시답잖은

기억 꿀팁
"시시해서 답해주고 싶지 않아"를 줄인 말이라고 기억해 보세요!

6월 18 바른 맞춤법

시험을 잘 봤다고 잘난 체하는 엄마 친구 아들의 모습은 정말 ☐☐이었어.

가관 VS 과관

 힌트
- 꼴이 볼만하다는 뜻으로, 다른 사람의 말이나 행동을 놀릴 때 쓸 수 있는 말이에요.
- 비슷한 말로 '꼴불견'이 있지요.
- [과관]이라고 말하는 사람도 있지만 옳은 발음은 [가관]이에요.
- 한자로는 可觀(가히 가 / 볼 관)이라고 쓴답니다.

정답: 가관

 함께 알기

'가능'도 '가관' 같은 가(可) 자를 써요. 가능을 과능이라 말하지 않듯, 가관도 과관이라 하면 안 되겠지요?

'될 수 있는 대로 부디'를 뜻하는 아무쪼록 모쪼록 은 두 단어 모두 바른 맞춤법이에요.

6월 19일 - 비슷한 맞춤법

국이 너무 뜨거워 후후 불어 ☐☐☐☐ 천천히 먹었어.

시키면서 VS 식히면서

힌트

시키다	식히다
• 다른 사람에게 어떤 일이나 행동을 하게 한다는 뜻이에요. • 음식을 주문할 때도 쓸 수 있어요.	• 뜨거운 것을 차가워지게 한다는 뜻이에요. • 어떤 일에 대한 생각을 줄이거나 가라앉힐 때도 쓸 수 있답니다.

정답: 식히면서

기억꿀팁: '식히다'는 [시키다]로 발음하기 때문에 '시키다'라고 잘못 쓰기 쉬워요. 하지만 '식다'에서 온 말이라는 사실을 떠올린다면 틀릴 일이 없겠지요?

7월 14 | 외래어

고치거나 베끼지 않은, 원본이나 진품을 뜻하는 올바른 외래어 표기는?

오리지널 VS 오리지날

그림에서 힌트를 찾고 정답을 확인해 봐요.

어때? 고흐 그림이랑 똑같이 잘 그렸지?

난 오리지널한 아이디어로 널 뛰어넘을 거야!

영어로 'original'이라고 써요. '오리지널한 아이디어로 널 뛰어넘을 거야'라는 문장으로 기억해 봐요!

6월 20

사자성어

가는 말이 고와야 오는 말이 곱다는 사실은 □□□□의 진리야.

만고불변 VS 망고불변

힌트
- 아주 오랜 세월 동안 변하지 않음을 뜻하는 말이에요.
- '만고'는 아주 오랜 세월 동안이라는 의미를 지니고 있어요.
- '망고'는 열대 지방에서 자라는 나무로 노랗고 달콤한 열매를 맺지요.
- '불변'은 사물의 모양이나 성질이 변하지 않음을 의미해요.
- 한자로는 萬古不變(일 만 만 / 옛 고 / 아니 불 / 변할 변) 이라고 쓴답니다.

정답: 만고불변

함께 알기
'만고불변'의 반대말은 '행운유수'예요. 떠가는 구름과 흐르는 물처럼, 일정한 형태가 없이 늘 바뀐다는 뜻이랍니다.

7월 13일 — 비슷한 맞춤법

동생은 내게서 눈길을 ☐☐ 않더니만, 내 입가에 붙은 밥풀을 ☐☐ 말라고 엄마에게 귓속말했어.

떼지 **떼지**

힌트

때다	떼다
• 아궁이 같은 것에 땔감을 넣어 불을 지핀다는 뜻이에요. • 비슷한 말은 '태우다'예요.	• 붙어 있는 것을 떨어지게 하거나, 눈여겨보던 것을 그만둔다는 뜻이에요.

정답: 떼지

기억 꿀팁: 뗄 수 있는 건 무궁무진하지만, 땔 수 있는 건 땔감밖에 없답니다.

6월 21 | **바른 맞춤법**

☐☐만 떼고 나가려는 동생에게 세수하라고 했지만, 그럴 마음이 ☐☐만큼도 없대.

눈꼽 VS 눈곱

힌트
- 눈에서 나오는 진득진득한 액이나 그것이 말라붙은 것이에요.
- 아주 적거나 작은 것을 빗대어 말할 때 쓰이기도 해요.
- '눈'과 '곱'이 합쳐진 말로 '곱'은 고름 모양의 물질을 의미해요.
- 두 단어가 어울려 만들어진 말은, 원래의 모양을 살려서 써야 한답니다.

정답: 눈곱

함께 알기
발톱 밑에 낀 때는 '발곱', 손톱 밑에 있는 때는 '손곱'이라는 사실도 함께 알아두세요!

7월 12 | **바른 맞춤법**

오랫동안 짝사랑한 친구에게 부끄러움을 ☐☐☐☐ 고백했어.

무릅쓰고 VS 무릎쓰고

 **힌트**
- 힘들고 어려운 일을 참고 견딘다는 의미를 지니고 있어요.
- 이와 비슷한 말은 '인내하다'예요.
- '무릎'은 넓적다리와 정강이 사이에 있는 관절의 앞부분을 말해요.
- [무릅쓰다]라고 발음하고 소리 나는 그대로 쓴답니다.

정답: 무릅쓰고

 **기억 꿀팁**

'무릎'을 '무르팍'이라고 말하기도 해요. 무르팍을 가만히 들여다보면 무릎의 받침이 'ㅍ'이라는 사실을 떠올릴 수 있어요. 무릎은 앉았다 일어나거나 걷거나 뛸 때만 사용해요. 그러니까 무릎이 아닌 무릅을 사용하여 '무릅쓰다'라고 써야겠지요?

6월 22 · 비슷한 맞춤법

행복을 □□야 한다는 아빠 말씀을 □□ 오늘은 내 마음대로 놀기로 했어.

좇아 VS 쫓아

힌트

좇다	쫓다
• 꿈, 목표, 행복을 이루기 위해 애쓴다는 뜻이에요. • 다른 사람의 말이나 뜻을 따른다는 의미도 있지요.	• 잡거나 만나려고 급하게 따라간다는 뜻이에요. • 자리에서 떠나도록 몰아낸다는 의미도 있답니다.

정답: 좇아

기억 꿀팁 — 두 단어 모두 따라간다는 의미를 지니고 있어요. 앉은 자리에서 생각만 따라가면 '좇다', 자리에서 일어나 몸이 따라가면 '쫓다'를 쓴다고 기억해 보세요!

7월 11 사자성어

해리포터 시리즈는 페이지를 넘길수록 □□□□이야.

전입가경 VS 점입가경

 힌트
- 들어갈수록 점점 재미있다는 뜻을 지니고 있어요.
- '전입'은 학교, 사는 곳, 일터를 옮겨 들어온다는 뜻이에요.
- '점입'이라는 글자는 점점 들어간다는 의미예요.
- '가경'은 내용이 점점 재미있어지는 부분이나, 경치가 좋은 곳을 뜻하지요.
- 한자로는 漸入佳境(점점 점 / 들 입 / 아름다울 가 / 지경 경)이라고 쓴답니다.

정답: 점입가경

 **함께 알기**
하는 짓이나 생김새가 시간이 지날수록 더욱 꼴불견일 때도 '점입가경'을 활용하여 말할 수 있어요. '집안을 어지럽히다 못해 벽지에 낙서하는 동생의 모습은 점입가경이었어'처럼 말이지요.

6월 23 외래어

도저히 설명하거나 이해할 수 없는 이상야릇한 일이나 사건을 뜻하는 올바른 외래어 표기는?

미스테리 VS 미스터리

그림에서 힌트를 찾고 정답을 확인해 봐요.

저 많은 해바라기 씨가 다 어디로 들어가는 걸까?

햄스터의 미스터리야.

💡 영어로 'mystery'라고 써요. '햄스터의 미스터리'라는 문장으로 기억해 봐요!

7월 10 | 비슷한 맞춤법

맛없는 오이를 식초와 설탕에 ☐☐☐ 맛있는 피클이 되다니 신기해.

절이면 VS 저리면

힌트

절이다	저리다
• 채소나 생선을 소금, 식초, 설탕에 담가 간이 배어들게 한다는 뜻이에요. • 음식과 관계있는 단어예요.	• 피가 잘 통하지 않아 감각이 둔하고 움직이기 불편하다는 뜻이에요. • 신체와 관계있는 단어랍니다.

정답: 절이면

기억 꿀팁: 자꾸만 저린 듯한 느낌을 '저릿저릿하다'라고 해요. '저리다'와 '저릿저릿하다'가 비슷하게 생겼으니 '절이다'와 확실히 구별할 수 있겠지요?

6월 24 — 복수 표준어

마음에 걸려서 언짢고
싫은 느낌을 뜻하는
꺼림칙하다 께름칙하다 는
두 단어 모두 바른 맞춤법이에요.

7월 09 바른 맞춤법

낚시하는 아빠를 따라가서 ☐☐☐로 물수제비를 뜨며 놀았어.

돌멩이 VS 돌맹이

 **힌트**
- 크기가 작은 돌을 뜻하는 말이에요.
- 이와 비슷한 말은 '자갈'이에요.
- '알맹이'와 '꼬맹이'는 '맹이'로 끝나지만 이 단어는 그렇지 않아요.
- '돌맹이'는 강원, 경기, 경상, 전라, 충청도 지역에서 사용하는 방언이랍니다.

정답: 돌멩이

 **함께 알기**
돌의 크기에 부르는 말도 따라 달라요. '바위>돌덩이>돌멩이' 순서로 작아진답니다.

6월 25 | **바른 맞춤법**

할머니가 ☐☐ 같은 내 머리칼을 쓰다듬으며 예쁘다고 감탄하셨어.

칠흙 VS 칠흑

힌트
- 옻칠을 한 것처럼 검고 윤이 나는 것이나 그런 빛깔을 뜻하는 말이에요.
- 검은색과 흰색을 함께 나타내는 단어는 '흑백'이에요.
- 검은깨는 '흑임자'라고 하지요.
- 한자로는 漆黑(옻 칠 / 검을 흑)이라고 쓴답니다.

정답: 칠흑

기억 꿀팁
'흙'은 검다기보다는 갈색에 가까워요. 검은색을 나타내는 한자는 흑(黑)이라는 사실을 잘 기억하세요!

복수 표준어

7월 08

꽃잎을 따서 소금과 함께 찧은 후 손톱에 붉은 물을 들이기도 하는 풀을 말하는 `봉숭아` `봉선화` 는 두 단어 모두 바른 맞춤법이에요.

6월 26 — 비슷한 맞춤법

야식으로 매운 떡볶이를 먹었다가 밤새도록 배를 ☐☐☐.

알았어  **앓았어**

 힌트

알다	앓다
• 모르던 것을 이해하거나, 누군가를 만난 적이 있다는 의미예요. • 반대말은 '모르다'예요.	• 병에 걸려 고통을 겪는다는 의미예요. • 반대말은 '낫다'랍니다.

정답 – 앓았어

 **함께 알기**

마음이 괴롭고 아플 때는 '가슴을 앓다'라는 말로 나타낼 수 있어요. 또한 걱정거리가 없어져서 후련한 마음은 '앓던 이가 빠진 것 같다'라고 표현할 수 있답니다.

7월 07 | **외래어**

터무니없고 어리석은 말이나 생각을 뜻하는 올바른 외래어 표기는?

난센스 VS 넌센스

그림에서 힌트를 찾고 정답을 확인해 봐요.

 영어로 'nonsense'라고 써요. '난 센스가 없나?'라는 문장으로 기억해 봐요!

6월 27 사자성어

☐☐☐☐ 캐나다로 이민 간 친구가 보고 싶어서 영상 통화를 했어.

이억만리 VS 이역만리

 힌트
- 다른 나라의 아주 먼 곳을 뜻하는 말이에요.
- '이억'은 만의 이만 배를 나타내는 숫자예요.
- '이역'은 다른 나라의 땅이라는 의미예요.
- '만리'는 천 리의 열 배라는 뜻으로, 아주 먼 거리를 나타내지요.
- 한자로는 異域萬里(다를 이 / 지경 역 / 일 만 만 / 마을 리)라고 쓴답니다.

정답 - 이역만리

 함께 알기

'이역만리'의 반대말은 '지호지간'이에요. 손짓하여 부를 만큼 가까운 거리라는 뜻이지요. 이것을 '엎어지면 코 닿을 데'라고 표현하기도 한답니다.

7월 06

비슷한 맞춤법

수학 문제를 풀기 싫어서 □□ 책상 정리만 하고 있어.

엄한  **애먼**

힌트

엄한	애먼
• '엄하다'를 활용한 말로 말, 성격, 행동, 규칙 등이 철저하고 까다롭다는 뜻이에요. • 비슷한 말은 '엄격한'이에요.	• 일의 결과가 다른 데로 돌아가 억울하거나 엉뚱하게 느껴진다는 뜻이에요. • 비슷한 말은 '엉뚱한'이랍니다.

정답: 애먼

함께 알기: '엄동설한'이라는 말을 들어본 적 있나요? 눈 내리는 깊은 겨울의 심한 추위를 뜻할 때 쓸 수 있는 말이지요. 줄여서 '엄한'이라고 말하기도 한답니다.

6월 28

바른 맞춤법

하늘을 가로지르는 저 ▢▢▢ 물체는 뭐지? 설마 유에프오!

희한한 VS 희안한

 **힌트**

- 매우 드물거나 신기하다는 뜻을 지니고 있어요.
- 이와 비슷한 말은 '이상하다'예요.
- [히안하다]라고 말하는 사람이 많지만 [히한하다]가 바른 발음이에요.
- 한자로는 '稀罕(드물 희 / 드물 한) 하다'라고 쓴답니다.

정답: 희한한

 **기억 꿀팁**

발음으로 기억하면 쉬워요. 오늘 하루, 틈날 때마다 '희한하다는 말은 정말 희한해'라는 문장을 소리 내어 말해 보세요!

7월 05 바른 맞춤법

동생에게 심부름을 시키려고 했는데 □□□도 보이질 않아!

코빼기 VS 콧배기

힌트
- '코'를 낮춰 부르는 말이에요.
- 단어의 뒤에 '-빼기'가 붙으면 낮춤의 의미가 더해져요.
- '이마빼기'는 '이마'를 낮춰 부르는 말이에요.
- [코빼기]라고 발음하고 소리 나는 대로 쓴답니다.

정답: 코빼기

함께 알기
'코빼기'는 '코'를 낮춰 부르는 말이기 때문에 나보다 나이가 많은 사람에게 쓰면 안 돼요. "할머니는 왜 코빼기도 안 보이시지?" 하고 쓰기 없기!

6월 29일 — 비슷한 맞춤법

아빠와 야구를 보러 갔다가 카메라에 잡혀서 방송에 ☐☐했어!

출연 VS 출현

힌트

출연	출현
• 연기나 공연을 하기 위해 무대에 나갈 때 사용해요. • '출연'과 '연기'는 '펼 연(演)' 자를 쓰는데 모두 방송과 관련 있지요.	• 없던 것이나 숨겨져 있던 것이 모습을 나타낼 때 사용해요. • '출현'과 '표현'은 '나타날 현(現)' 자를 쓰는데 모두 나타나는 것과 관련 있답니다.

정답: 출연

기억 꿀팁: '출연자, 출연료, 출연작'이라는 단어를 '출현자, 출현료, 출현작'이라고 말하는 친구는 없을 거예요. 이 단어들을 기억해 두면 '출연'이 방송과 관련된 단어라는 사실을 쉽게 떠올릴 수 있겠지요?

7월 04 사자성어

하굣길에 갑자기 비가 와서
☐☐☐☐으로 비닐봉지를 뒤집어썼어.

임기웅변 VS 임기응변

 **힌트**
- 그때그때 처한 형편에 알맞게 일을 처리한다는 뜻이에요.
- '임기'는 어떤 기회나 고비에 놓였다는 뜻이에요.
- '웅변'은 사람들 앞에서 우렁찬 목소리로 유창하게 말한다는 뜻이에요.
- '응변'은 그때그때 처한 형편에 알맞게 일을 처리한다는 뜻이랍니다.
- 한자로는 臨機應變(임할 임 / 틀 기 / 응할 응 / 변할 변)이라고 쓴답니다.

정답: 임기응변

 **함께 알기**

'임기응변'과 비슷한 속담으로 '윗돌 빼서 아랫돌 괴고 아랫돌 빼서 윗돌 괴기'가 있답니다.

6월 30 — 외래어

영화, 방송, 연극 등에서 내용이나 줄거리에 대해 설명하는 일을 뜻하는 올바른 외래어 표기는?

내레이션 VS 나레이션

그림에서 힌트를 찾고 정답을 확인해 봐요.

 영어로 'narration'이라고 써요. '내가 내레이션을 넣어볼게'라는 문장으로 기억해 봐요!

7월 03 - 비슷한 맞춤법

식탁을 치우다가 실수로 물병을 ☐☐ 말았어.

엎고  **업고**

힌트

엎다	업다
• 물건을 거꾸로 돌려 위아래를 뒤집을 때 사용하는 말이에요. • 대접을 엎어 물을 쏟거나, 진행되고 있던 일을 엎거나, 의견을 엎을 수도 있어요.	• 다른 사람을 등에 대고 손으로 붙잡거나 동여매어 붙어 있게 할 때 사용하는 말이에요. • 비슷한 말은 '메다'랍니다.

정답: 엎고

기억 꿀팁: '엎다'는 '엎어, 엎어서, 엎으니'로 활용하고 '[어퍼], [어퍼서], [어프니]'로 발음해요. '업다'는 '업어, 업어서, 업으니'로 활용하고 '[어버], [어버서], [어브니]'로 발음하지요. 단어를 다양하게 발음해 보면 어떠한 받침을 쓰는지 쉽게 알 수 있답니다.

7월

• JULY •

7월 02 　바른 맞춤법

웃을 때 ☐☐☐처럼 휘어지는 눈이 내 매력 포인트야.

초승달 VS 초생달

힌트

- 달이 지구를 한 바퀴 도는 시간을 한 달로 정한 달력을 '음력'이라고 해요.
- 이것은 음력으로 매월 첫째 날부터 며칠 동안 뜨는 달을 의미해요.
- '초승'은 음력으로 매월 첫째 날부터 며칠 동안을 뜻하는 말이에요.
- 옛날에는 '초생달'이 맞는 말이었지만 오랜 세월에 걸쳐 발음이 변했답니다.

정답: 초승달

함께 알기

달의 모양은 날마다 조금씩 변해요. 그 모양에 따라 '초승달 ☽', 상현달 ◐, 보름달 ○, 하현달 ◑, 그믐달 ☾'이라고 부른답니다.

7월 01 — 복수 표준어

뚫려 있거나 비어 있는 곳을
막거나 채운다는 뜻의
메우다 **메꾸다** 는
두 단어 모두 바른 맞춤법이에요.